図説　世界地下名所百科

図説
世界
地下名所百科

イスタンブールの沈没宮殿、
メキシコの麻薬密輸トンネルから首都圏外郭放水路まで

クリス・フィッチ

上京 恵 [訳]

Chris Fitch

Subterranea: Discovering the Earth's Extraordinary Hidden Depths

原書房

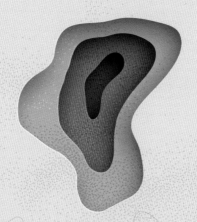

Chris Fitch
SUBTERRANEA
Discovering
the Earth's
Extraordinary
Hidden Depths

SUBTERRANEA

by Chris Fitch

父、母、そしてシャーロットへ

目次

第一部 自然の造形

第二部 古代

第三部　近代

第四部　現代

まえがき

　1691 年、肩まで髪を伸ばした若き物理学者が、王立学会である発表を行った。科学が飛躍的な進歩を遂げた 17 世紀の水準からしても、非常に驚異的な内容だった。それまで科学界は、地球の磁場が予測不可能であること、地球の極が時間とともに変化し続けることに困惑していた。かの有名な彗星にその名を残すエドモンド・ハレーにとって、この難題の答えは単純なものだった。この星の中には、それぞれが重力によって分かれている同心円状のひと続きの内なる世界があるに違いない。したがって、我々が立っている地面は、簡単に言えば厚さ 800 キロメートル（500 マイル）の最も外側の層であり、内なる世界の動きが磁場を狂わせ続けているのだ。さらにハレーは、これらの世界には生き物が棲息し、未知の地下の光がそこを照らしていて、北のオーロラと呼ばれる北極光が発生するのもその地下の光が原因だ、と予想した。

　ハレーはこうした仮説を根拠もなく立てたわけではない。彼は、我々の足の下には何があるのかに関する 1000 年来の推測に大きく依拠していた。古代の神話から、死後の懲罰についての宗教的概念に至るまで、人類は地下世界に対して無数の空想をめぐらせてきた。その多くは、はるか空高くにある輝かしい天国と対照をなすというものだった。よく知られた『地獄篇』（『神曲』）におけるダンテの地獄からの脱出は、そうしたイメージを決して忘れられないほど鮮やかに詳細まで生き生きと描き出した。しかし、ハレーのような信用の置ける偉大な科学者が提唱した地下世界の仮説には、フィクションでなく現実だと思わせる重みがあった。ハレーはこの仮説に入れ込んでいたため、1736 年に 80 歳で描かれた晩年の肖像画では、こうした地球内部の地層の図を明確に示した羊皮紙を握り締めているところが描かれている。

ユカタン半島のセノーテ

　ハレーにとって残念なことに、のちに「地球空洞説」と呼ばれるようになったこの理論が科学界をにぎわせたのは、ほんの

短期間だった。その後の実験で、地球内部の密度はきわめて高いことが実証されたのだ。我々が歩いている大陸地殻の下には上部マントルと下部マントルが存在することは現在広く認められており、そこを通る地震波の測定によって内部密度の高さが明らかになっている。地球の内部が層構造なのは事実だが、液体のマグマと固体鉄の内核で構成されていて、先史時代からの動物が独自の狭い地下世界で暮らしているわけではない。

だとしても、だ。いまだかつて誰ひとり、内核を実際に目にしたことも、マントルのほんの上層以外の部分を見たこともないのである。世界一深い穴、ロシアのコラ半島超深度掘削坑でも、地面をたった12キロメートル（7マイル）掘っただけであり、地球の半径およそ6,350キロメートル（3,945マイル）のうち、ごくわずかにすぎない。ゆえに、真に迫った空想が独自の現実世界を作り上げ、深く神秘的な地下世界についての無数の仮説や突拍子もない物語を生み出し続けているのは、なんら驚くべきことではない。

中でもフィクション作家は、我々の世界の下に未知の世界が存在するという可能性から独創的に想像をめぐらせてきた。それは実質的に新たなジャンルとして進化を遂げている。最も有名なのは、ジュール・ヴェルヌの代表作である冒険小説、広大な地下大洋で恐ろしい怪物たちが死闘を繰り広げる『地底旅行』だろう。だがそれにとどまらず、エドガー・ライス・バローズの描く地底世界ペルシダーから、アリスがウサギの穴に落ちて見つけた奇抜な不思議の国に至るまで、地下世界はさまざまな空想をかきたて続けている。陰謀論も喜んでその空想に参加し、歴史上最も大きな隠蔽は地上よりはるかに優れた広い秘密の地下世界の存在に違いない、と論じている。

確かに、地上の世界がくまなく探検され、踏査され、測定され、地図に描かれ、写真を撮られ、インスタグラムに載せられている現在、自然や人類発生についての未発見の謎が残されている場所は地球では地下世界だけかもしれない。我々の生活の大部分が行われている地表面の限界を認識することに価値はあるだろう。実際、我々は（少なくとも）3つの次元から成る世界で

ショーヴェ洞窟

生きており、人類はしばしば本能的に空を見上げるものの、下に目を向けることで素晴らしい物語が見出せる場合もある。オレンジのように地球の皮をむいて、そっと地下を覗いたなら、どんな感動的な光景が広がっているのが見えるだろう？

　本書では、目の見えない小さなドラゴンであふれる洞窟や、都市の下に建設されて歴史の核心を露わにする現代の大量交通輸送網を探索する。戦争の残虐さや恐怖から身を守ろうと掘られたトンネル、人々が不確かな未来に備えて貴重な宝物を安全に保管するため希望を託して作ったトンネル。謎めいた洞窟の絵から核シェルターまで、言葉を話す木々から未来的な地下施設まで、地下世界は今もハレーの時代と同じく空想をかきたて、畏怖の念を起こさせる。我々が知らない、あるいは知っているつもりの世界の、不思議で気味悪い現実を、今こそ白日のもとにさらそうではないか。

ロサンゼルス・トンネル

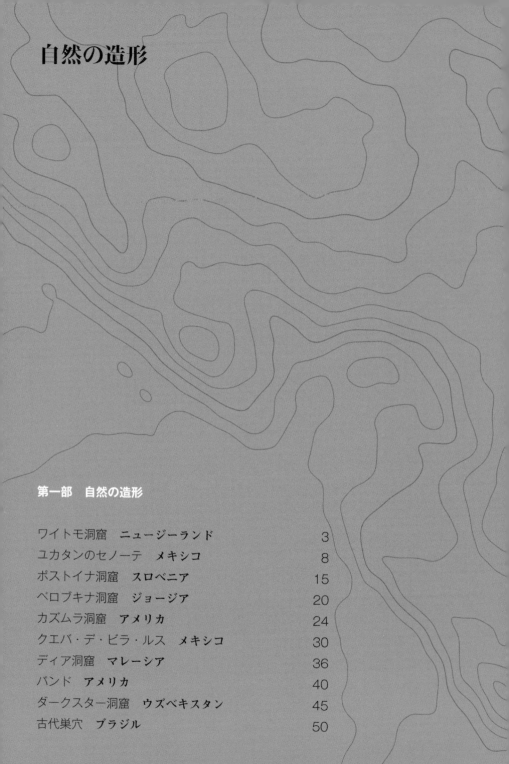

自然の造形

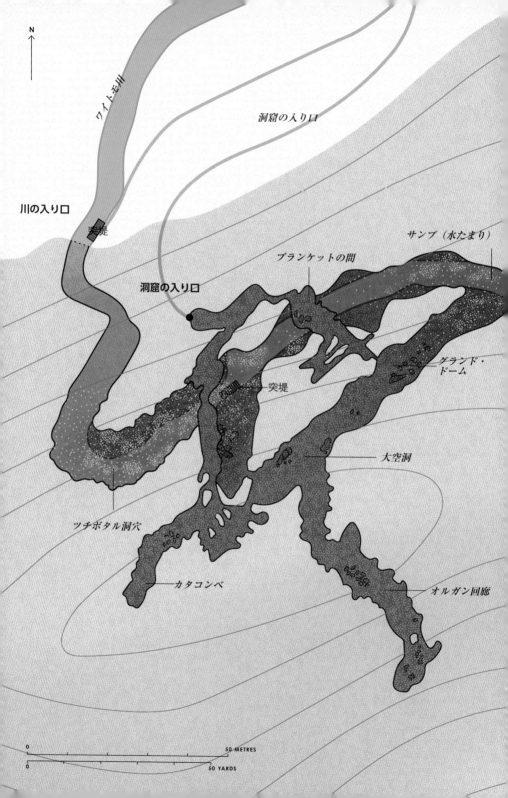

N

ワイトモ川

川の入り口

突堤

洞窟の入り口

洞窟の入り口

ブランケットの間

サンプ（水たまり）

突堤

グランド・ドーム

大空洞

ツチボタル洞穴

カタコンベ

オルガン回廊

0   50 METRES

0   50 YARDS

ワイトモ洞窟

何百万匹ものツチボタルが光の星群を生み出す場所

ニュージーランド
南緯 38° 15' 40"
東経 175° 06' 15"

最高に贅沢な夜空を地下に移してきたかのようなまばゆい絶景が、我々の物理学や天文学の理解を覆す。この地下の星明かりは洞窟の天井全体に広がっており、ところどころにある何もない区画は、当惑した目には頭上の星明かりを遮断する樹冠のシルエットに見える。けれど、その光は遠い星からではなく、生き物から発せられている。驚くべきことに、ひとつひとつの光点の正体は、ある動物だった。地球上、別の場所ではほとんど見られない動物である。

南太平洋では、3,000万年かけて古代の海洋生物の遺骸から石灰岩の層が海底に形成され、大昔に死んだ生き物の殻や骨の化石を豊富に含む岩ができている。地質の巨大な力や火山活動が原因で、こうした地層はゆがんだりたわんだりしていった。ひとたび海の上に出て風雨にさらされるや、地層はゆっくり割れはじめ、岩に小さなひびや弱い部分ができる。やがて一部のひびが大きくなり、我々が洞窟と考えるものになった。現在のニュージーランド北島の西部にある洞窟も、そうやって誕生した。

こうした地下空間は何世紀もの間、人間の手に触れられず足に踏まれないまま残されてきた。1200年頃にマオリ族の開拓者たちがアオテアロア（「長く白い雲の地」）と呼ぶ土地に初めて到着したあとも。この荒涼たる土地の大部分を占める山や川と同じく、洞窟も神聖視された。それは死者の世界であり、ゆえに厳重に避けられた。国のこの地域に点在するおよそ300の洞窟に関して人々が知っていたのは、いくつもの水路が地中へと消えるように見えることだ。そこから、この地にはワイトモ（Waitomo）という名前がついた（"wai"は「水」、"tomo"は「入り口」あるいは「穴」の意）。

獰猛な戦士たちも、決して地下の漆黒の洞窟に入っていこうとはしなかった。洞窟を覗いて実際は下に何があるのか見ようとする人間が現れたのは、19世紀後半、ヨーロッパ人が現在ニュージーランドと呼ばれるこの国に押し寄せはじめてかなり経ってからだった。初めて洞窟に入ったのはイギリス人測量士フレデリック・メイス。彼は1887年12月、地元の部族長タネ・ティノラウを説き伏せて、船首の平らな筏に乗ってそれまで一度も人間が入ったことのなかった地下河川を渡るという冒険に加わらせた。「タネ・ティノラウは筏が完璧に安全であるのを見て勇気を奮い起こし、私に同行することを承諾した」。のちにメイスは『キング・カントリー・クロニクル』紙にそう書いた。「私たちは蝋燭を灯して探求の旅に出た」

　照明の不足という問題は、短時間で解消された。メイスとティノラウはこの洞窟の天井を彩る輝かしい星座を目にする初の人間となり、唖然として見入った。何千もの小さな光の点が合わさって、洞窟の壁や天井を目覚ましく飾っていたのだ。

　この途方もなく素晴らしい光のショーを作り上げた生き物は *Arachnocampa luminosa*、一般にはニュージーランドのツチボタルとして知られており、1匹1匹が小さな青緑色の光源を備えている。ツチボタルは、外見がカに似ていなくもないキノコバエという非常に小さなハエの幼虫である。短い生涯で日光を実際に見ることは決してないにもかかわらず、ツチボタルは不可解にも体内時計によって生活しており、発光は昼夜の経過と同調して変化する。幼虫たちが織り成すこの天の川は9カ月の間洞窟の天井に広がって、もっと近寄って見るよう近くの虫たちを誘惑する。誘い寄せられた虫はほぼ例外なく、ツチボタルが天井から垂らした何百本もの細くねばねばした糸に絡め取られる。とらわれた虫は、空腹な幼虫に引き上げられて生きたまま食べられるのを待つしかない。被害者の虫にとって唯一の慰めは、これらの幼虫が羽化した成虫には口がなく、数日間集中して生殖に励んだあとはすぐ飢え死にすることかもしれない。

　この洞窟の非常に不思議な岩石層には、ツチボタル以外にもウナギ、甲虫、クモ、カマドウマ（コオロギに似た大きな昆虫）

ニュージーランドのワイトモ洞窟は、餌を誘い寄せようとする何千匹ものツチボタルの光で照らされている。

などの真洞窟性動物が数多く棲息している。垂れ下がる鍾乳石
は触れてくれと人を誘うが、その誘惑に応じることは禁じられ
ている。人間の皮脂が鍾乳石を損傷するからだ。鍾乳石の中に
は細くて華奢なものがあり、ちょっとしたことで折れる可能性
がある。波、カーテン、ハチの巣に似たものもある。木の幹の
ように太くて頑丈で、石灰岩の柱や溶けかけた蝋に見えるもの
もある。球状の岩の下から乳首のように突き出しているものも
ある。

ワイトモ洞窟の感
動的な内部構造
は、過去3,000万
年にわたってゆっ
くり形成されてき
た。

　ワイトモ洞窟では、南太平洋のこの地域に特有の別の生物も
垣間見ることができる。モアである。この平胸類の大型の鳥は
大きくなり過ぎたダチョウに似ており、初期のマオリ族開拓
者による乱獲で絶滅に追いやられた。その外観を教えてくれる
のは、腐敗した遺骸だけだ。そしてワイトモにはそうした遺骸
が多くある。モアはしばしば地面の穴に落ちて地下で早過ぎる
死を迎えるという不幸に見舞われたからだ。発掘によって洞窟
内部に散乱するモアの骨が大量に発見され、住処とした唯一の
島から根絶される前のこの鳥について貴重な知見を提供してい
る。
　メイスとティノラウはそれから1年の間何度も洞窟に戻り、
ほどなくここは人気の観光地となった。初期のツアーは7時間
にわたり、幸運な参加者はしばしば折れた鍾乳石の破片を土産
にもらって帰った。やがてガイドたちは、こうした岩石層の再
生速度が非常に遅く、この地域では100年間に1立方センチメ
ートルしか育たないことに気づき、すぐにこの習慣を廃止した。
代わりに現代の訪問者が持ち帰るのは、素晴らしい洞窟の景色
の写真と、地下深くで輝くこの世のものとも思えぬ光の記憶だ
けである。

ユカタンのセノーテ

マヤ族の地下世界への入り口

古代マヤ文明は少なくとも3,000年間続いた。マヤ族は、現代のメキシコ、グアテマラ、ベリーズの大部分にまたがる地域メソアメリカじゅうに40を超える大規模な都市を築き、最盛期には約200万の人口を擁した。彼らは灌漑などの高度な農耕方法を用い、先進的な建築技術を発明し、チョコレート、ゴム、紙といった物資の製造に成功した。とはいえ、彼らを取り巻く自然環境は不毛で過酷だった。マヤ族の社会は比較的発達していたかもしれないが、その存続は、地面にあいた何千もの穴から得られる、広大な地下世界の水に依存していた。

セノーテと呼ばれるこれらの泉は、現在でも主にメキシコ南東部のユカタン半島で見ることができる。そのうちふたつの穴は、メキシコでおそらく最も有名な古代マヤ文明遺跡、ユネスコ世界遺産のチチェン・イッツァ（Chichen Itza）の近くにある。その名前自体がセノーテについて多くを語っている。"chi"（「口」の意）、"chen"（「泉」）、そしてそこに移住した部族の名前を表す"Itza"。「泉」は、ここに住む人々にとってセノーテがきわめて重要な理由を明確に示している。これら天然の泉は飲用水の唯一の供給源だったのだ。ユカタン半島にあるマヤの立派な都市ひとつひとつが、少なくともひとつのセノーテの横に位置していた。セノーテが最も貴重な資源だったのはほぼ間違いない。セノーテがなければ、さだめしマヤ文明は始まりもしないうちに終わりを迎えたことだろう。

しかし、地面に開いたこうした穴、でこぼこした表面のくぼみには、もっと忌まわしい目的もあった。これらは昔から、しばしば大きな牙あるいは口吻を持つ姿で表現される雨の神チャク（Chac、またはChaac、Chaahk）に生贄を捧げるのに用いられたのだ。穀物が育つため絶対に必要な季節的降雨をチャク

メキシコ

北緯 20° 53' 49"
西経 89° 14' 20"

マヤ族がよく知っていたように、メキシコのセノーテ内部には地下の巨大な淡水泉が見られる。

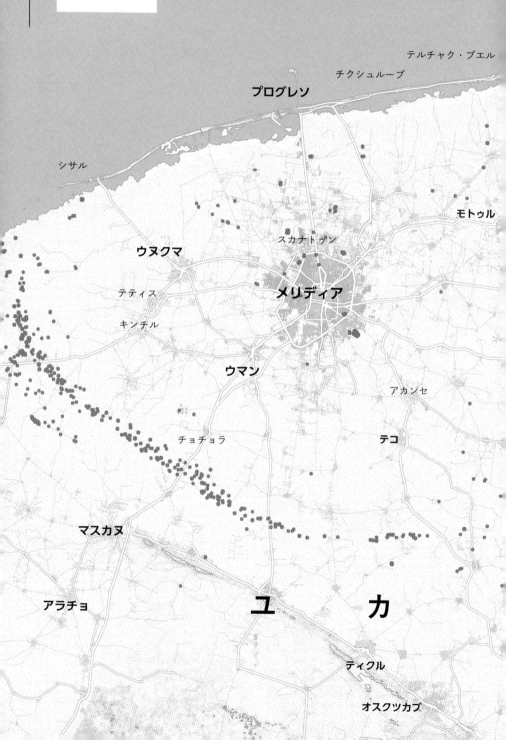

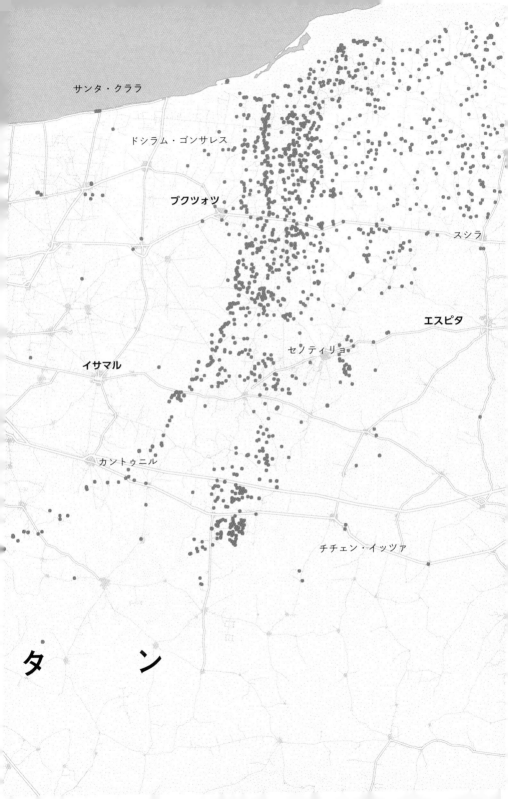

サンタ・クララ

ドシラム・ゴンサレス

ブクツォツ

スシラ

エスピタ

セノティリョ

イサマル

カントゥニル

チチェン・イッツァ

タ　ン

がもたらしてくれることを願って、貴重な供物がセノーテに投げ入れられた。供物には、翡翠や金から香、恐ろしいことに小さな子供まで含まれていた。こうした供物が捧げられたことから、名前の「口」の部分が生まれたのである。民間伝承では、セノーテはシバルバーという冥界に通じる神聖な通路だともされている。ポポル・ヴフと題するマヤの聖典には、サソリや血や膿であふれた川を渡るといった、シバルバーへのぞっとする行程が描写されている。

　現代の研究によって、セノーテは本質的には独特で孤立した

ユカタン半島に散在する何百ものセノーテは、この景色の明確な特徴となっている。

陥没穴の一種であることがわかっている。石灰岩の表面が崩れて地下の大きな空洞が露わになったものだ。より掘り下げた理論は、恐竜時代末期までさかのぼってセノーテの誕生を説明している。ユカタン半島北部にあるチクシュルーブの町には 6,600 万年前に直径 15 キロメートル（9 マイル）ほどと思われる小惑星が衝突し、大津波が起こって地球上の生き物の最大 80 パーセントを死に至らしめた。ようやく硫黄の雲が晴れると、直径 180 キロメートル（112 マイル）にも及ぶ巨大なクレーターが現れた。その半分は沖合で 600 メートル（2,000 フィート近く）の沈殿物の下に埋もれているが、現在陸上にある残り半分はその後石灰岩の層に覆われた。その層が時間の経過とともにすり減って、今あるセノーテが形成されたのだという。

　この仮説を補強する明確な証拠が、上空から見たとき長い線で弧を描くように半円状に地表に並ぶセノーテである。その地点は、衝突によってできたクレーターの外周と推測される場所とぴったり合致している。99 個のセノーテがこの半円上にあると公式に分類されており、その他 900 個もが同じ地形の一部だと非公式に認識されている。こうした空洞の表面が崩れたことで、海水と淡水の混ざった水流の集まる地下水面が露わになった。多くのセノーテが、最終的には海に流れ込む地下河川の起点だと考えられている。

　地表下の空間は並外れて巨大である。既に何百マイルにも及ぶ地下水路が測量されているが、現在進行中の調査も完了までにはほど遠い。2020 年、ユカタン全体に広がる種々のセノーテをつなぐ巨大なシステマ・サック・アクトゥンの地下水路網は実に 347 キロメートル（216 マイル）にもなると測定され、世界最大の地下洞窟系とされた。

　古代以来これほど大規模な地域が隠されていたことを考えると、今なお洞窟探検家が取り組む秘密が多く残っているのも当然だろう。ユカタン州北西部にあるメリダ市そばのショックという名のセノーテには、古代の海洋生物の遺骸が多くあることがわかっている。その中には、何百万年も前の、おそらくは史上最大のサメのものと思われる 13 本の歯もあった。隣接する

キンタナ・ロー州にあるトゥルムのそばのセノーテ、チャン・ホルからは、1万3,000年以上前（方解石成長の測定による）の人骨が発見されており、南北アメリカ大陸における人類の存在を示す最古級の証拠となっている。

　セノーテでもっと最近発見されたのは近代のもので、主にゴミや人糞である。ユカタンの持続可能開発事務局は、州内の登録された2,241のセノーテのうち60パーセントに汚染の問題があると推計している。近年、選ばれたセノーテに潜って何百トンもの廃棄物を回収するため地元のダイバーのチームが結成された。廃棄物には車のタイヤ、ガラス瓶、古い自転車に加えて、「魔術」に用いられたとされるさまざまな物品も含まれている。こうした汚染されたセノーテを生化学的に浄化するため、慎重に混ぜ合わせた細菌、真菌、微生物の溶液が利用されている。このようにして、健全な自然の生態系のために必要な清潔な水を回復することができる——それは、捧げられた宝石や子供の生贄以上にチャクを喜ばせるに違いない。

マヤの神チャクは季節的降雨をもたらすことと引き換えに生贄を求める。

ポストイナ洞窟

世界で最も奇妙な両生類、目の見えない「ベビードラゴン」の棲息地

スロベニア

北緯 45° 46' 59"
東経 14° 12' 06"

　1818 年、支配国家オーストリア帝国内に位置し、地下数百メートルの空洞で構成されるポストイナ洞窟は、遠くからの好奇心旺盛な観光客を引きつけていた。4 月、地元住民はオーストリア皇帝フランツ 1 世（神聖ローマ帝国皇帝フランツ 2 世でもある）と 4 人目の妃カロリーネ・アウグステの華々しい到着に備えていた。彼らは、現在のクロアチア南部に当たるダルマチア訪問の一環として立ち寄る皇帝夫妻の恐れ多い姿を見ることを熱望していた。洞窟の職員が訪問の準備をしているとき、ルカ・チェッチという下級助手の点灯夫が、歓迎の看板を即席の橋に取りつけるため地下河川を渡るという危険な任務を与えられた。

　対岸に着いたチェッチは、越えられない岩の障壁だと思われていたところの向こうへと姿を消した。残された傍観者たちは彼に何が起きたのかと心配した。彼は地底にのみ込まれて二度と戻らないのではないか。ようやく再び姿を現したとき、チェッチは興奮で顔を輝かせ、洞窟の奥深くに「天国」を見つけたと言った。その証拠として、彼は入り口まで戻る道に印をつけておくために折った鍾乳石や石筍のかけらを見せた。

　それは、今はスロベニアとなったこの地域を永遠に変身させることになる瞬間だった。現在、ポストイナは大聖堂のような巨大な空間であふれた驚くべき場所として知られている。柱はビルほどの高さがあり、その中のひとつは親しみを込めて「摩天楼」と呼ばれている。約 15 万年前の高さ 16 メートル（52 フィート）にもなる立派な石筍だ。長さ 24 キロメートル（15 マイル）の地下通路は、ヨーロッパで一般公開されている洞窟の中で最長である。

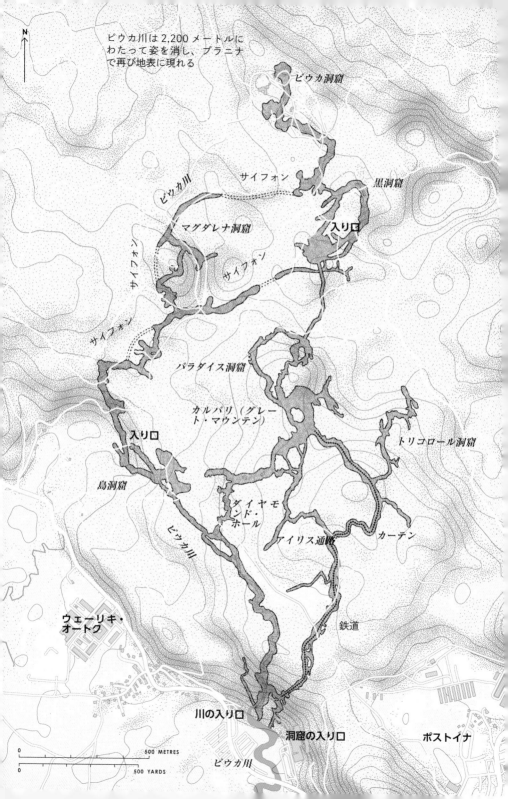

ピウカ川は2,200メートルに
わたって姿を消し、プラニナ
で再び地表に現れる

ピウカ洞窟

ピウカ川　　サイフォン　　黒洞窟

マグダレナ洞窟　　　　　入り口

サイフォン　　　　サイフォン

サイフォン

パラダイス洞窟

カルバリ（グレー
ト・マウンテン）

トリコロール洞窟

入り口

鳥洞窟

ダイヤモ
ンド・
ホール

ピウカ川

アイリス通路　　カーテン

ウェーリキ・
オートグ

鉄道

川の入り口

洞鹿の入り口　　　ポストイナ

ピウカ川

0　　　　　　　500 METRES
0　　　　　　　500 YARDS

だが、ポストイナの深奥を発見したチェッチについては、あまりよく知られていない。公開された写真は1枚もない。彼はこの素晴らしい発見に対して、ささやかな栄誉を得ようとした。暮らしは貧しく社会的地位は低かったものの、しかるべき功績を認めてくれることを求めて皇帝に訴え出たのだ。ところが要求は拒否され、発見はポストイナ地区の出納役、ヨーシップ・イェルシノヴィッツ・フォン・ローヴェングライフの業績とされた。チェッチの果たした重要な役割が認識され、彼が洞窟の真の発見者として公式に認められたのは、数十年後だった。しかし残念ながら、本人はその何年も前にこの世を去っていた。

　チェッチは、現在メクラチビシデムシと呼ばれている甲虫の最初の発見者でもあった。銅色で手足が細長く、胸部が細くそれに比べて腹部が非常に大きな虫である。この甲虫の研究から洞窟生物学が始まった。しかし、ポストイナの奥で発見された150種の動物の中で、最も人気なのは間違いなく *Proteus anguinus*、「ホライモリ」という奇妙な両生類だ。中世から伝わる地元の民間伝承では、この生き物は「ベビードラゴン」と呼ばれていた。神話や伝説やハリウッドの大ヒット映画に登場する、空を飛んで火を吐く怪物ではない。この「ドラゴン」も同じくらい興味深くはあるが、動きははるかに緩慢でおとなしい。世界一奇妙な両生類と言ってもいいだろう。

　ホライモリはヨーロッパ唯一の洞窟性脊椎動物で、スロベニア、クロアチア、ボスニア・ヘルツェゴビナなどにまたがるデ

ホライモリは世界で最も奇妙な両生類であり、最長12年間、何も食べずに生きていられる。

ィナル・アルプス山脈の下にある地下水系に棲息している。この珍妙な動物は小さくて白く、肌の透き通ったサンショウウオに似ており、まったく目が見えない。目はあるものの、視力はきわめて弱く、ほとんど役に立たない。嗅覚、味覚、聴覚、電磁覚、皮膚の感光性（実際に光を「感じる」ことができる）といった強力な感覚を組み合わせて、小型のカニ、ミミズ、カタツムリなどの餌を見つける。とはいえ、それほど頻繁に餌を求めて必死になることはない。ほとんど動かずエネルギーをまったく消費せずにいられるおかげで、最長12年間も食べずに生きていられるのだ。

　ポストイナには4,000匹のホライモリが棲息すると推測されており、きわめて長々とした生殖周期を説明する手がかりを求めて科学的に研究されている。ホライモリが産卵できるようになるまでには、6、7年ほどかかる。ゼリー状の白い膜で覆われた真珠のような卵が洞窟の壁に産みつけられて孵化する。生まれたホライモリの寿命は長く、100年生きるものもいる。このエイリアンのような生き物はきわめて風変わりで、大衆を引きつける魅力には欠けているが、スロベニア人は妙にホライモリを気に入っており、国の貨幣に描いて不朽の名声を与えることまでしている。洞窟の感動的なまでの造形、特異な動物。ポストイナはヨーロッパ随一の非凡な地下空間を名乗ることができる。チェッチが知ったらさぞ誇りに思ったことだろう。

初めてポストイナの奥に入って帰還したとき、ルカ・チェッチは「天国」を見つけたと同僚に言った、と伝えられている。

ベロブキナ洞窟

おそらく世界で最も深い洞窟

地下深くで、洞窟探検家のチームは時間と戦い、湧き上がる洪水から逃げようと必死で上に向かっていた。30分前、地表に近いところにいるチームメイトから警告が届き、嵐の通過に伴い豪雨が来ると知らされていた。だが危険な状況の現実が充分に理解されたのは、下にいる探検家たちが朝食の途中に迫り来る水のうねる音を直接聞いたときだった。その耳を聾するほどの轟音に、彼らは骨の髄まで戦慄した。登攀道具と寝袋とメモリーカードはつかんだものの、それ以外の持ち物は捨てて逃げるしかない。彼らは頭上2キロメートルの地表に向かって懸命に駆けのぼった。

「世界で最も深い洞窟」のタイトル争いは想像以上に熾烈だ。洞窟は複雑で無秩序な場所である。最も深い地点を特定するのは、山の最も高い地点を見つけることに比べてはるかに難しい。トンネルはいくつもの通れそうな道に枝分かれする。開口部は見えないところに隠れていることもあれば、見えているのに絶対に行き着けないこともある。道が行き止まりになり、広い空間や先へ進む道に入るのにほんの数センチの隙間しかないこともある。極度の暗闇や寒さ、そして恐ろしくて予測不可能な地下水脈の存在が、探検をさらに困難にする。

何年もの間、洞窟探検家たちはジョージアのアブハジア地区にあるクルベラ洞窟の深みに挑んでいた。大コーカサス山脈と黒海の間に位置する険しい場所である。2001年以降の一連の探検によって、この洞窟は世界で最も深いことが立証された。最初は地表から少なくとも1,500メートル（5,000フィート）、その後1,800メートル（6,000フィート）、そして2,100メートル（7,000フィート）とされた。しかし最も飛躍的な進展が遂げられたのは2012年、ウクライナ人洞窟探検家のゲンナーデ

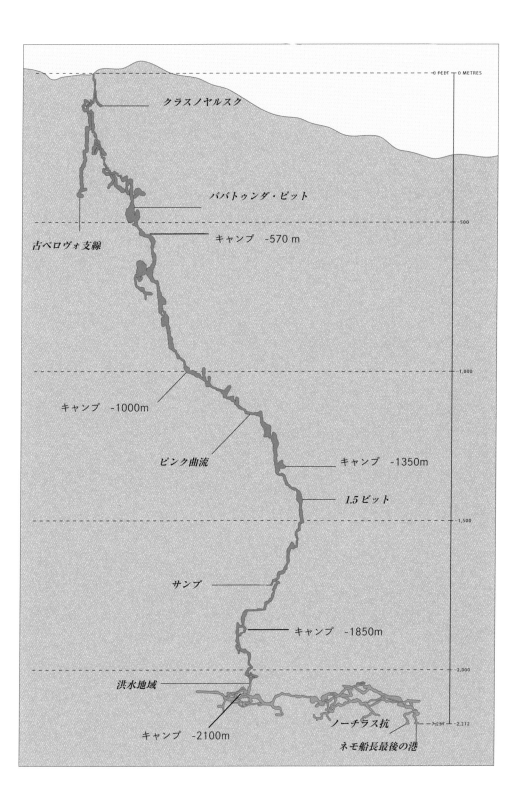

ィ・サモキンがそれまで誰も行ったことのない深さまで這い下り、潜ることを試みたときだった。彼は海抜 2,240 メートル（7,349 フィート）の高原から出発し、地下 2,197 メートル（7,208 フィート）以上という公認最深記録を打ち立てるため、地下性のクモなどの動物、水没した真っ暗なトンネル、凍えるほどの寒さと戦った。その結果、クルベラは確かに疑いの余地なく世界で最も深い洞窟と認められた。

　だが、ほんのいくつかの山の向こうで、挑戦者が待っていた。クルベラはさらに地球の奥深くまで続いているとサモキンがマスコミに発表しているとき、新たな探検隊は近くのベロブキナ洞窟に目を向けていた。2018 年 3 月、ロシア人率いるチームがアブハジアへ行き、海抜 2,285 メートル（7,497 フィート）の山腹の小さな立坑から入ってベロブキナ内部で 2 週間近くを過ごし、この洞窟がどれだけ下まで続いているかを調べた。内部は湿っぽく、どうしようもなく入り組んでおり、行き止まりや、小さな割れ目に体を押し込まねばならないような場所だらけだった。クルベラの最も険しい場所と同じくらいの深みに達したとき、彼らは大きな湖に行き当たった。真っ黒で、鏡のように穏やかな湖面。その後の探検は水中に潜らねばならなかった。やがて水面に顔を出した洞窟ダイバーは、皆が待ち望んでいた知らせをもたらした——ベロブキナの絶対深度は、たった 15 メートル（50 フィート）ではあるがクルベラの深度を超えている。途方もない僅差とはいえ、新たなチャンピオンが誕生したのだ。

　その年の後半に新たな探検隊が同じ場所に来て、さらに山の下深くまで進んでどこまで下りられるかを調べようとした。前回の探検で、稀少なあるいは新種のエビやサソリなどの洞窟性動物が多く収集されていたため、洞窟に関する学問的知識をさらに蓄積しようという熱意もあった。探検家チームは意気揚々と装備を揃えて、洞窟の深さを調べるためベロブキナのさらに下まで向かおうとした——比類なき偉業を記録すべく待ち構える『ナショナルジオグラフィック』誌のカメラマンを従えて。

　ところが急速に湧き上がる洪水が（この洞窟は冬季にしか洪

既知の最も深い洞窟を下りていくのは、身も凍える自然条件のもとでほぼ真っ暗な闇の中を下降するという危険を伴う。

水を起こさないという彼らの思い込みを嘲って）探検隊を危険にさらしたとき、彼らは命からがらよじのぼることを余儀なくされた。既に地下で1週間を過ごしていた探検家たちにとっては悔しいことだったが、探検をあきらめて地表に戻る以外の選択肢はなかった。現在も、ベロブキナの公式な深さは地下2,212メートル（7,257フィート）のままである。その世界記録は、人をやきもきさせながら、誰かが再び破るのを待っているのだ。

カズムラ洞窟

神話に包まれた、とてつもなく長い溶岩チューブ

ハワイの伝説によると、姉妹ふたりがタヒチからこの島に移住したという。姉は火山の女神ペレホヌアメア（ペレとも呼ばれる）で、力の強い妹（海の神ナマカオカハイ）と戦ったあと、すぐにもうひとりの妹、連れのヒイアカアイカポリオペレ（幸いにも一般には短くヒイアカとされる）とも不仲になる。ある夜、ペレは颯爽とした若き部族長ロヒアウに魅了され、40日以内に彼を島の高地の火口にある家に連れてくるようヒイアカに命じる。失敗したならヒイアカが特に自慢にしている島の森を破壊する、とペレは言った。

ヒイアカは波乱万丈の旅に出て、最終的には使命を果たす。ところがあまりに長く時間がかかったため、短気なペレは妹がロヒアウを奪ったのだと思い込み、ヒイアカの森に火をつけて焼き尽くした。ヒイアカがこの暴挙に報復すると、ペレは溶岩流で対抗してロヒアウを殺し、彼の遺体を火口に投げ込んだ。ヒイアカはなんとかしてロヒアウの遺体を取り戻そうと、火炎を放つ穴を懸命に掘り進んだ。この物語は終始、大量の炎と、飛び交う岩々と、火山のように激しいメロドラマに彩られている。

この話をはじめとする多くの物語は、ハワイや周辺の島々に火山が多い理由に加えて、人間がこれらの島々に住み着いてから1,000年ほどの間に大規模な噴火が何度も起きた理由を説明している。民間伝承は、前述の森林火災からヒイアカが火口を掘ったため岩々が激しく飛び散ったことに至るまでの大きな出来事をなぞっており、地質神話学者は地質調査で集めたデータをそれらの出来事と照合して、過去の噴火の時期をより正確に特定することができる。神話はまた、世界一長くて深い溶岩チューブであるカズムラ洞窟の誕生を理解する一助にもなると思

アメリカ
ハワイ州

北緯 19° 29' 15"
西経 155° 04' 47"

現在、カズムラは初めて世界一長い溶岩チューブと認められたときより少なくとも5倍以上長いことが知られている。

ハワイ島──ビッグ・アイランド

N

コハラ　　　　　　　　太平洋

クカラウ洞窟

カウプレフ洞窟系

フアララライ・　　ウムリ・マヌ　　マウナ・ケア
ランチ洞窟

フエフエ洞窟　　　　　　　　　カタコム洞窟　　エメシネ洞窟

アンダー・ザ・　　フアララライ
ウォール洞窟　　　ビッグ・レッド　　リレー・ジャンクション
　　　　　　　　　　洞窟　　　　　　洞窟

マウナ・ロア

ビーチ・パーク　　　　キラウエア　　　　サーストン
洞窟

　　　　　　　アイナホウ・　　　　　　　　カズムラ洞窟
　　　　　　　ランチ洞窟　　　　アプア洞窟

キプカ・カノイ
ーナ洞窟系

0　　　　　　　40 KILOMETRES

0　　　20 MILES

ワイアケア
森林保護区
　　　　　　　　　　　　　　　　　　　　　　　　　　ファーン・
　　　　　　　　　　　　　　　　　　　　　　　　　　フォレスト

ボルケーノ・ロード　　　　　　　　セクストン地区

オララ地区

キラウエア火山　　　　　　カハウアレア自然保護区

ケアアウ

ハワイアン・
パラダイス・
パーク

ロワー・カズムラ

オーチドランズ

ハワイアン・
エイカーズ

ファーン・
エイカーズ

オールド・カズムラ

アイナロア

パホア

アッパー・カズムラ

エデン・
ロック

プーナ森林保護区

レイラニ・
エステーツ

5 KILOMETRES

3 MILES

われる。

　カズムラは、15世紀半ばに起こったと思われるおよそ60年間にわたるキラウエア火山の噴火の際、非常に大規模な溶岩流によって形成された。この噴火はアイラアウにちなんで名づけられた。アイラアウは森を焼き尽くす（名前の大まかな訳）火の神で、恐ろしい評判があったにもかかわらずペレが来たら逃げたと言われている。次から次へと続いた噴火がやっとおさまると、海まで噴出していた溶岩流が外側から内側へと冷えはじめた。外側で硬い玄武岩が形成されている間も、内部では溶岩が液状に流れ続けた。やがて内部の溶岩がすっかり流れ出し、キラウエア火山のふもとから海岸近くまで伸びる巨大な自然の「トンネル」ができた。

　ハワイの非常に活発なホットスポット（現地語でパホイホイと呼ばれる粘度の低い溶岩が頻繁に流れる場所）では、こうした溶岩チューブは比較的ありふれた存在だ。島全体に広がる溶岩チューブの多くは浅く、地表には「プカ」と呼ばれる危険な穴が地表に開いている。穴は多くの場合草木に覆われていて落とし穴となり、無警戒の通行人が中に落ちて、時には死に至ることもある。重要なのは、こうした溶岩チューブは比較的急速に形成され、1度の噴火でできる場合もあることだ——大部分の洞窟やその他の地形を形成する地殻変動や浸食のゆっくりしたプロセスに比べて、はるかに速い。

　溶岩チューブ自体はあちこちにあるが、カズムラはその規模において他を圧倒している。とにかく巨大である。ただし、カズムラの正確な長さを確定するのは非常に困難な課題だった。公式な長さとしては、1981年に初めて探検されたとき11.7キロメートル（7マイル強）と記録され、それでも世界最長の溶岩チューブとなるには充分だった。しかし1995年に初めて完全に走破されて、5つの別々の溶岩チューブが実は同じ途方もなく長い同じトンネルの一部だったと確認されたことにより、なんと全長64キロメートル（40マイル）まで延長された。

　現在、キラウエア火山の斜面にある起点から、深さ1キロメートルを超える海岸近くの終点までの間に、洞窟への入り口は

キラウエア火山の頻繁な噴火が、ミミズのような奇妙な「溶岩つらら」を生み出している。

100以上が知られている。溶岩チューブの高さは18メートル（60フィート）、幅は最大21メートル（69フィート）もあり、充分広いため楽に歩くことができる。乗り物を中に入れられるなら、自動車を走らせることもできそうだ。

　奇妙な木の根が天井のところどころから突き出している。見事な溶岩つらら（「溶岩鍾乳石」のほうが一般的かもしれない）にはつい目が行ってしまうだろう。溶けた岩が垂れ下がって固まったものだ。洞窟の壁は黒っぽい磁苦土鉄鋼や緑の橄欖石（かんらんせき）など鮮やかな鉱石で彩られている。現実離れした異世界のような光景のため、ハワイの先住民が「カプ」（神聖）と考えたのもうなずける。この存在は、別世界から来た恐ろしくて強い神々同士の戦いに特色づけられた民間伝承を持つ島に、よく似合っている。

クエバ・デ・ビラ・ルス

ユニークな魚がなんとか生きている、酸で満ちた洞窟

　乳白色の水をかき分け、白いシャツを着てつば広帽子をかぶり真紅のネッカチーフを巻いた男たちの一団が洞窟に入っていく。一見しただけではわからないが、この洞窟はどんなに想像力豊かで悲観的な閉所恐怖症患者が空想するよりもはるかに危険である。毎年春になると、メキシコ南部の部族ソケ族は、ペーストを塗った木の葉を洞窟の水に浸しはじめる。降雨が地上の長い乾期を終わらせることを祈る、古代からの豊穣の儀式の一環である。やがて、完璧に動けなくなった魚が水面に浮かび出す。参列者は気絶した魚を急いで籠に集め、神からの贈りものに感謝する。これは雨が戻るまでの時期を乗り切るための賜りものなのだ。

　ここは、食料を探すには妙な場所だ。この地下世界、クエバ・デ・ビラ・ルス（「明るい家の洞窟」）は、生きるのに適しない内部環境でよく知られている。水には硫酸が多く含まれており、そのため川の水面は「エル・アスーフレ」（「硫黄」）の淡い色をしている。腐った卵のような鼻につく強いにおいを発生させながら、地下に沈殿した油から硫化水素の微小な泡が立ちのぼり、川に溶け込んだ酸素と反応するとすぐに硫酸ができて水のpHを下げる。気持ちは悪いが的確に名づけられた「スノッティ」（「スノット」は「鼻水」の意）という重要な存在が、この過程にさらに拍車をかける。この白っぽい鼻水のような鍾乳石状の微生物の群体は洞窟の天井からぶら下がり、（光合成の代わりに）空気中の硫化水素を酸化させて非常に強い硫酸を作り出し、それが下の水にしたたり落ちるのだ。pHの平均が1.4、時には0（最も強い酸性）まで低くなった酸は、触れただけで人間の皮膚に火傷を負わせることもできる。

　これほど危険きわまりない状況なので、洞窟探検家は毒ガス

メキシコ

北緯 17° 27' 00"
西経 92° 47' 45"

クエバ・デ・ピラ・ルスの濁った水には硫酸が溶け込んでいるため、ほとんどどんな生き物も棲めなくなっている。

による呼吸器への危険から身を守るため酸素マスクをつけねばならない。こうした補助装置がないと、喉と肺は焼けるように熱くなって迫り来る危険を警告し、油断すると意識を失って死ぬこともありうる。しかしソケ族はこうした補助装置を使わない。だから、彼らの儀式は洞窟に入ってすぐのところで、1年に1度しか行われないのだろう。

　したがって、このような環境にはどんな生き物も暮らしていないと思われて当然だ。ところがソケ族の儀式は、こうした厳しい条件でも洞窟で棲息する魚が何千匹もいるという、反論の余地のない証拠を提示している。この地域の多くの川で見つかるスリコギモーリー（*Poecilia mexicana*）は、普通ならこのような酸性の地下河川で生きられるとは思えない。しかしクエバ・

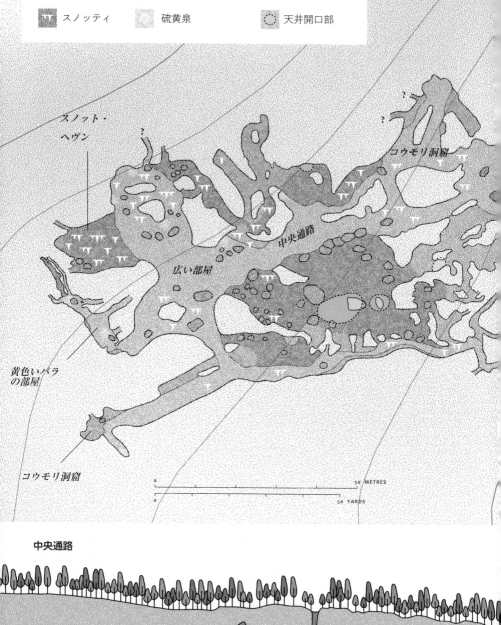

スノッティ　　硫黄泉　　天井開口部

スノット・
ヘヴン

？

？ ？

コウモリ洞窟

中央通路

広い部屋

黄色いバラ
の部屋

コウモリ洞窟

0　　　　　　　　　　　　　50 METRES
0　　　　　　　　　　　　　50 YARDS

中央通路

スノット・ヘヴン　　広い部屋　　　　コウモリ洞窟

硫黄泉

正面入り口

騒がしい通路

泥道

キャット・ボックス

ラグー通路

ハイメの驚き
深さ4メートル
の水たまり

浅水路

動物園通路

地上への出口

正面入り口

地上への出口

ハイメの驚き

デ・ビラ・ルスに棲む集団は体や習性をさまざまに適応させて、不可能を可能にしたようだ。たとえば、いわゆる水面呼吸（定期的に水面に近づいて呼吸すること）によって摂取する毒素の量を減らし、最悪の影響を緩和している。酸が体内に入ったらすぐにそれを中和するという興味深い能力を獲得している、とも考えられている。

　だがソケ族の出現は、強靭なスリコギモーリーですら身を守ることのできない出来事である。南北アメリカ大陸でよく見られる低木バルバスコの根をすりつぶして作ったペーストを用いた儀式が行われると、ロテノンという毒が水に溶け出し、流れに乗って洞窟の中を運ばれ、魚を麻痺させる。人々はロテノンが人間にとってほとんど害がないことを知っているので、安心して獲物を集めるのだ。

　この儀式は進化科学者にとっては興味深いケーススタディとなっている。科学者の観察により、一部のモーリーは他のモーリーよりもこの根から抽出した毒に耐性があり、生殖してその耐性を子孫に伝えられることがわかっている。時代が進むにつ

厳しい環境にもかかわらず、モーリーはこの洞窟で大量に見られる。

「スノッティ」と
呼ばれる微生物の
群体は洞窟の天井
にぴったりくっつ
いている。

れて、頑強な洞窟性のモーリーの集団は、外界のもっと軟弱な
モーリーよりも毒に対して非常に強くなった。洞窟の有害な環
境で暮らし、年に一度ソケ族に毒を盛られながらも、強靭に生
き続けているスリコギモーリーは、世界一タフな魚だと言える
かもしれない。

ディア洞窟

世界最大の地下水路

険しい地下の崖。虫のたかった糞化石の大きな丘。そしてほぼ完全な暗闇。1977年8月初頭、イギリス人探検家ロビン・ハンベリー＝テニソンとその10代の娘は、巨大な地下水路を進んでいた。前方にぽつりと見える明かりが彼らを誘う。文字どおり、トンネルの出口を示す光明である。

コウモリの糞を乗り越えてついに出口に到達し、まばゆい日光の下に現れたふたりは、とても越えられそうにない険しい崖に囲まれた谷に出たことを知った。これはいろいろな意味で非凡な旅であることが判明する。現在世界最大の地下水路と考えられているところを記録に残る中で初めて通り、のちに彼らが「エデンの園」と名づける場所を初めて訪れたのだ。「我々の足は、そこを踏んだ最初の人間の足だったかもしれない」と、ハンベリー＝テニソンはこの冒険の回想録『エデンの発見』で書いた。

彼の言葉は、おそらく過去数世紀の全世界の探検家に共通する思いだろう。1970年代後半は、こうした探検が行われるにしては意外なほど最近かもしれない。だがアジアのボルネオ島北東部にあるムルには、途方もない自然の驚異がまだ隠されたまま残っていた。王立地理学会の探検隊長ロビン・ハンベリー＝テニソンが圧倒的に広大で堂々としたディア洞窟探検の旅を始めたのは、初めて到着してから6週間後のことだった。長さ1キロメートル以上にわたるこの洞窟は、雨宿りのためここに来たのを目撃されていた鹿（deer　ディア）から名づけられた。先住民ベラワン族はこれまでに洞窟を最後まで通り抜けた人間など知らないと言っていたため、ハンベリー＝テニソン親子が向こう側で見つけた世界に足を踏み入れた最初の人間だとの主張には、正当性があると考えられる。

マレーシア

北緯 4° 1' 41"
東経 114° 49' 44"

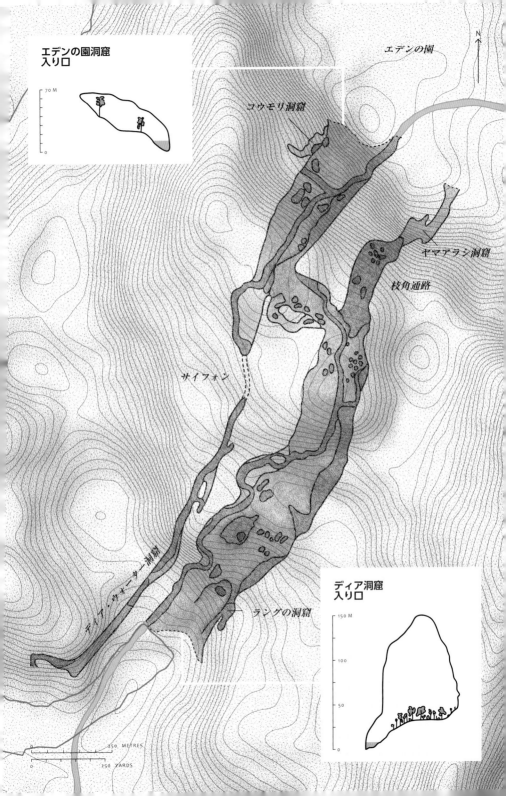

エデンの園洞窟
入り口

70 M

0

コウモリ洞窟

エデンの園

N

ヤマアラシ洞窟

枝角通路

サイフォン

ディア・ウォーター洞窟

ラングの洞窟

ディア洞窟
入り口

150 M

100

50

0

250 METRES

0

250 YARDS

世界で初めてディ
ア洞窟を通り抜
けたとされる人々
は、向こう側に失
われた世界を見つ
けたと表現した。

　以来、ディア洞窟はその大きさだけでなく、きわめて多様な
動物が棲息していることでも知られるようになった。この探検
で初めて観察されたように、毎夕100万羽以上と思われるコウ
モリの大集団が飛び立って戻ってくるのは、グヌン・ムル国立
公園の名物になっている。人目を引く燐光性のムカデなど、小
さく珍しい動物が洞窟を歩き回っている。洞窟に棲息する鳥は
非常に多い。地元の猟師による少人数のグループが、ぐらぐら
するはしごをのぼってアナツバメの巣を切り取っていたが、や
がてそれはひとつの産業に発達した。この巣は、中華料理のご
ちそうとして大きな人気を博しているのだ。そのため、このよ
ような原材料は同じ重さの銀の値打ちがあるとして重宝される
（そしてこの鳥の多くの生存を脅かしている）。

　この地域の巨大な空洞は、ディア洞窟だけではない。実のと
ころ、入り口が草木で覆われているため中に差し込むわずかな
光が緑がかっているグリーン洞窟から、世界最大の洞窟性の空
洞（ギザの大ピラミッド11個以上が入る大きさ）のサラワク
空洞まで、未探検の洞窟やトンネルはあちこちにある。ムルの
地下洞窟や空洞のネットワークは600キロメートル（370マイ
ル）以上にわたると考えられている。200〜500万年前に地殻
変動によってこの地域が大きく隆起したため、ボルネオ島は海
から持ち上げられてねじれ、その結果今なお発見途上にある洞
窟網が生まれたのである。

パンド

地下でつながるクローン生命体の古代の森

野原には目があり、木々には耳がある。詩人ジェフリー・チョーサーも、何世紀にもわたる言い伝えも、そう語る。そして、もし木々に聞くための器官があるなら、話す器官もあるのではないか？　実は、木々が話したり聞いたりするという考えを裏づける証拠は多く見つかっている。科学的な証拠だ。どうやら森では、石頭の科学者たちがこれまで信じていたよりも多くのおしゃべりやひそひそ話が、木の葉を通じて行われているらしい。

『ロード・オブ・ザ・リング』や『ポカホンタス』から思い描かれる方法とは違うかもしれないが、多くの木々が地下でつながった根のネットワークを通じてコミュニケーションを取り、糖分や栄養素のやり取りをしていることは、次第に認められてきている。ちなみに、根そのものが直接連結しているのではない。菌根という細い糸のような菌類が媒体となって別々の木の根をつなぎ、化学的メッセージを伝達しているのだ。こうすることで健康な木は病気や傷を負った仲間を助けて生かしておき、それによって森全体の健康を維持している。切り倒されたり木の葉や樹皮が食べられたりした木は、近くの木々に知らせ——我々はそれをドラマティックに地下の無言の叫びと想像する——、彼らは葉の毒性を強めるなどして攻撃に対抗するよう備えることができる、とすら考えられている。この、一部の人々がロマンを込めて「ウッド・ワイド・ウェブ」と呼ぶものは、これまで知られていなかった樹木のコミュニケーションの謎のひとつだが、そうした謎は現在徐々に解き明かされつつある。

世界には１カ所、この地表下の情報交換がまったく新たなレベルの意義を有するところがある。アメリカ合衆国ユタ州南部の町リッチフィールドに近いフィッシュレイク国立森林公

パンドのクローン生命体の
アメリカヤマナラシ

30 METRES

0

ドクター・クリーク・
ロード

ドクター・
クリーク・
キャンプ地

パンド・クロー
ン・アスペン
森林

フィッシュ
レイク湿原

25号線

0 ——————— 250 METRES

0 ——————— 250 YARDS

N

園に、世界最大の単一の生命体がある。アメリカヤマナラシ（*quaking aspen*）の森だ。"quaking"という名前は、風が木の葉の間を通り抜けるときに木々が発するブルブル震える（quake）ような音から来ている。広さ43ヘクタール（106エーカー）の森は、集合的に「パンド」という名で呼ばれる。1本1本の高さが約30メートル（100フィート）で、秋には鮮やかで明るい金色と赤色になることでよく知られるおよそ4万7,000本の木は、前述したような大部分の木が行う方法によって地下でつながっているだけではない。実は単一の生命体であり、世界最大の生き物だと考えられている。これらの木々は、数万年の間に増殖して栄えたクローンなのだ。

　なぜこういうことがありうるのか？　何がどうなって、このような突飛なことが可能になるのか？　答えはやはり地下にある。1本の木が巧みに花粉を散らしてDNAを近くの木に飛ばすことで有性生殖を行う一般的な方法と違って、パンドの木々はヤマナラシ属によくあるように、地下でひとつの根を共有している。この根はいわば調査役を務めることができ、周囲の環境を探索して、自分の横に無性生殖を行う。まったく新しい木に見えるものを生み出すのだ。新たな木は地下で親の木とつながったまま、成長して親と同じことを繰り返す。

　この風変わりな行動を1,000年以上にわたって数千回繰り返すと、すべてが地下で根のネットワークによりつながった広大なアメリカヤマナラシの森ができ上がる。その森は、周囲の土地を自分たちの群生地にしようという意志と、そうする能力を有している。アメリカヤマナラシは、光合成に欠かせない葉緑素がたいていの木々のように葉にあるだけでなく樹皮にもあるという独特の性質を持っており、そのため森の拡張はさらに容易になっている。葉が枯れ、役に立たなくなって地面に落ちる冬でも、アメリカヤマナラシは光合成を続けて成長することが可能なのだ。

　とはいえ、パンドは危機にさらされている。この植物が生き続ける唯一の方法は、歳月を経て失われる木を補うために、絶えず新たな若枝を生み出してうまく新しい木に成長させること

根を共有する大規模な分岐系のため、このアメリカヤマナラシの森は世界最大の生命体となっている。

だ（個々の「木」の寿命は100年ほど、場合によっては150年ほどである）。残念ながら、この過程は近年著しく阻害されている。衛星画像を見ると、過去30〜40年の間に森が徐々に衰退していることがわかる。

最も大きな要因は、ミュールジカ（時にはウシも）がこの森に住み着いたことだ。ハイイロオオカミなどの天敵が、警戒した人間に殺されたことが主な原因で減退したため、こうした草食動物の個体数は爆発的に増えた。おいしい若枝を求める鹿たちの飽くなき食欲の犠牲になって、パンドは新たな木々を生み出せなくなり、全体としての森は老い、病気がちになっている。送電線、キャンプ地、ハイキングコース、山小屋といった形での人間の存在が、問題にいっそう拍車をかけている。

その結果我々は今、ある生命体の終焉を目撃している。地中に根差した生き物——地下にある本当の心臓を見せることなくその指を突き立てて普通の森に見せている木——としての存在そのものが、自然界について人間がまだ知らないどんなことがあるのかという疑問を我々に抱かせてくれる、そんな生命体である。

ダークスター洞窟

おそらく世界一深い高高度の洞窟

ウズベキスタン

北緯 38° 23' 47"
東経 67° 17' 13"

1984 年、ソビエトのスベルドロフスク洞窟学クラブのチームがボイスントフ（バイスン・タウ）山脈の人里離れた地点を探索していた。アフガニスタンとの国境に近いウズベキスタンのこの地域は、首都タシュケントから直線距離で 400 キロメートル（240 マイル）近く、実際に陸上を旅するならおそらくその 2 倍の距離となる場所である。

365 メートル（1,200 フィート）の高さにそびえるホジャ・グルグル・オタという純粋な石灰岩の崖——険しい地形に広がる全長 35 キロメートル（22 マイル）の台地の側面——まで来ると、彼らは好奇心に導かれて、高地にあるミステリアスな穴の探索を始めた。この壮観な地中世界、おそらく世界一深い高高度の洞窟に人間が入るのは、これが初めてとなる。

とはいっても、このチームは自分たちが発見した場所をあまり深く探検しなかったため、断崖内部に隠された地質学上のお宝を見出したのは、その 6 年後に現れたアスペックス '90 というイギリスのチームだった。この探検家たちは独特のユーモアのセンスにより、宇宙でさまよう船の乗組員を描いた 1970 年代の無名のカルト SF 映画『ダーク・スター』から、この地下世界全体を命名した。その名前は、彼らが洞窟の中で何昼夜も過ごす中で覚えた感情や孤独感を語っているのかもしれない。だが結局彼らは下降を途中で断念せざるをえなかった。内部は非常に深く、この挑戦を続けるには装備が不充分だったのだ。翌年、次のチーム、アスペックス '91 がさらに先まで探検を試みたものの、溶けた氷に阻まれてしまった。その後のソ連崩壊により、この地域のさらなる調査は何年も延期された。

それから 20 年以上が経ち、ダークスターは現代の洞窟探検家にとって人気の場所となっている。現在までに計 18 回の探

ダークスター洞窟
の中を下りるに
は、その前に高高
度の険しい崖をの
ぼらねばならな
い。

検が行われ、全長18キロメートル（11マイル）のトンネルと
驚異的な地質構造が実地調査された。今のところ崖の入り口
は7カ所が知られている（最も高いのは海抜3,590メートル（1
万1,778フィート）、最初に発見された入り口のすぐ上に位置
するオレンブルグスキー）。専門的なロッククライミングの経
験と適切な装備がなければ、入り口に近づくこともできない。
洞窟に入るには、少なくとも海抜137メートル（450フィート）
という既知の最も低い入り口イジェフスカヤまでホジャ・グル
グル・オタを垂直にのぼり、中に入って懸垂下降しなければな
らない。このいちばん低い入り口を目指すだけでも、本格的な

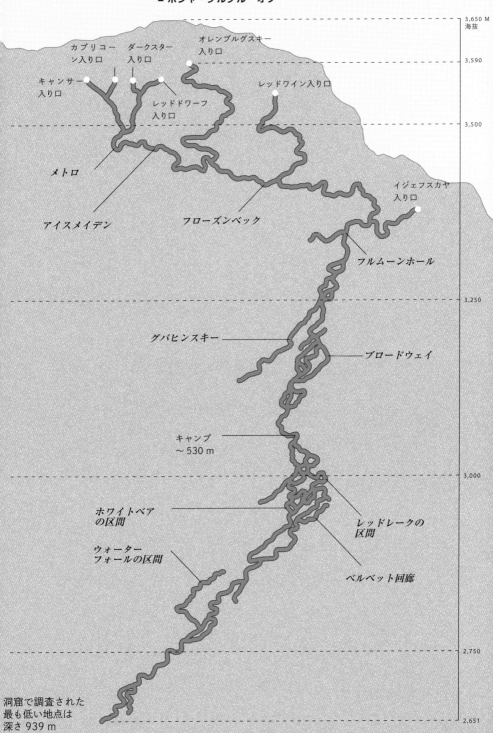

▲ ホジャ・グルグル・オタ

キャンサー
入り口

カプリコー
ン入り口

ダークスター
入り口

オレンブルグスキー
入り口

レッドドワーフ
入り口

レッドワイン入り口

メトロ

アイスメイデン

フローズンベック

イジェフスカヤ
入り口

フルムーンホール

グバヒンスキー

ブロードウェイ

キャンプ
〜 530 m

ホワイトベア
の区間

レッドレークの
区間

ウォーター
フォールの区間

ベルベット回廊

3,650 M
海抜

3,590

3,500

3,250

3,000

2,750

2,651

洞窟で調査された
最も低い地点は
深さ 939 m

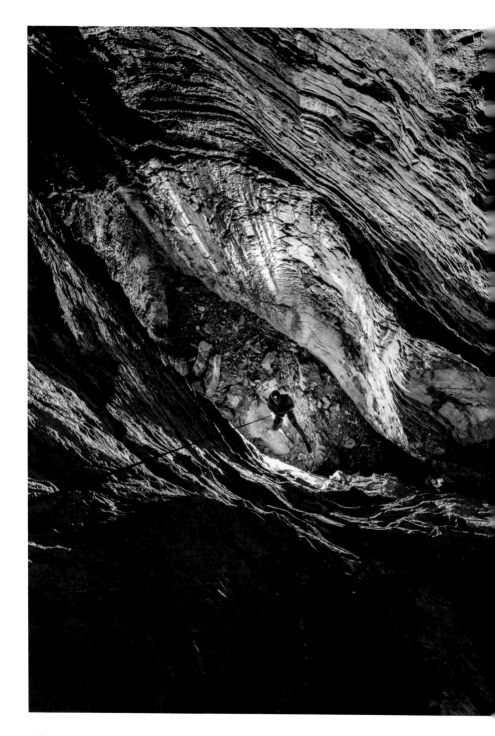

探検のために必要なロープを数日かけて取りつけることが求められる。

　ボイスントフ山脈に照りつける太陽のうだるような暑さを考えると意外に思われるだろうが、洞窟の入り口から吹き出す空気は身を切るように冷たい。実のところ、この凍えるような低温はダークスター内部の特徴である。海抜数千メートルのところにあるにもかかわらず、洞窟は地下世界を思わせるほど極端に寒い。壁は氷の結晶で覆われ、広い池は固形の氷で満たされている。巨大な滝は時とともに凍ったようになり、川は凍結したつららの集まりとなる。

　最後の滝を過ぎたところ、おそらく頂上から 939 メートル（3,080 フィート）下がったあたりに——それでも海抜 2,651 メートル（8,698 フィート）だが——小さな岩の割れ目がある。幅はほんの数センチしかなく、先へ進むにはここを抜けるしかなさそうだ。もしかしてこれは、隣接する別の長い洞窟のネットワーク、フェスティヴァルナヤに通じていると言い伝えられている接点なのか？　だとしたら、それらを合わせた洞窟系の規模は記録破りのものになるだろう。残念ながら、それを確かめるのは未来の探検家に任されている。探検はまだ終わっていないのだから。

この洞窟ネットワークがどこまで伸びているのか、隣の洞窟とつながっているかどうかは、誰も知らない。

古代巣穴

オオナマケモノが掘ったと考えられる謎のトンネル

2008年末、リオグランデ・ド・スル大学の地質学者ハインリヒ・フランクは、車でノボ・アンブルゴの町の近くのハイウェイを通っているとき、道路脇の掘削場所の奇妙な穴に気がついた。彼の注意を引いたのは不可解なほど丸い形だった。このときは運転手に止まるよう頼む暇がなかったため、彼の地質学的好奇心は満たされなかった。だが数週間後、家族とドライブしているときにまたそこを通り、今回は車を止めて近くで見ることができた。それは高密度の粘土岩にできたトンネルで、彼の好奇心はますます募った。いったい何がこのような奇妙なものを作ったのか？　フランクは不思議に思い、トンネルに入っていった。

ご存じだと思うが、これまで地球上に存在した生物の大部分は現在絶滅しており、その中には有名なものもいる一方、そうでないものもいる。マンモスやサーベルタイガーはおなじみだろうが、更新世には同じくらい謎めいているがあまり知られていないマストドン、ドウクツライオン、ジャイアントビーバーなどもいた。多くの場合、この世を去って何千年も経つ生物の外観、棲息地、習性を知る手がかりは、ばらばらになった化石や骨だけである。

存在の証拠をはっきり残している生物はほかにもいるが、人間が彼らの果たした役割を認識するにはかなり時間がかかることがある。そういうケースのひとつを示すのが、ブラジルの地下に潜ったフランクの旅である。何年もの間に何百万という人々がハイウェイのこの地点を通り過ぎたはずだが、止まって中を調べ、この穴が実際どうやってできたのか知ろうという気持ち（そして専門知識）を有していたのはフランクが初めてだった。トンネル内部は少しひしゃげた円形で、直径は約1メー

ブラジル

南緯 29° 45' 27"
西経 53° 17' 21"

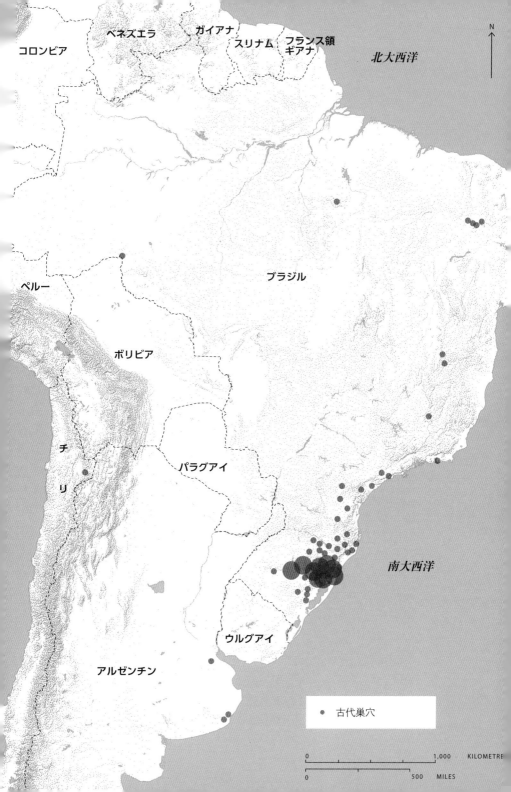

コロンビア

ベネズエラ

ガイアナ

スリナム

フランス領
ギアナ

北大西洋

N

ペルー

ブラジル

ボリビア

チ
リ

パラグアイ

南大西洋

ウルグアイ

アルゼンチン

● 古代巣穴

0　　　　　　　　　1,000　KILOMETRE

0　　　　500　MILES

トル（3 フィート）ほど。水によってできた形ではなさそうだ。最も大きな手がかりはトンネルを囲む壁の岩に深く食い込んだ割れ目で、大きな爪痕に見え、彼が今までに見たことのない特徴だった。

　強烈な水流や時間の経過や激しい地殻活動といった地質学的プロセスの証拠とは異なるこれらの特徴は、動物の活動を明らかに示していた。およそ1万年前に絶滅した動物だ。おそらくそれはオオナマケモノである。正式名は *Megaichnus* igen. nov. で、かつて南米に広く棲息していたと思われる。現代のオオアルマジロと同じく、オオナマケモノはトンネル掘りに熟練していたらしい。現代のゾウにも匹敵するほどの大きさだったこと

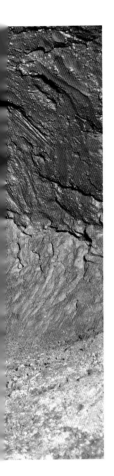

から、身を隠すには最大で直径1.5メートル（5フィート）もの非常に大きなトンネルを必要としたに違いない。

　しかし、このトンネルは珍しいものではなかった。古代巣穴の存在を知ったフランクは、このような地形をもっと多く見つける任務に取り組んだ。その後の10年間で彼はリオグランデ・ド・スル州だけで1,500以上の古代巣穴を記録したが、隣接するサンタカタリーナ州などブラジルの別の州でもはるかに多くが発見されており、パラナ州北部にもいくつかが存在する。この分布は、オオナマケモノの歴史上の棲息領域がほぼブラジル南部に限られていることを示す証拠となっている。巣穴はウルグアイやパラグアイではひとつしか記録されておらず、アメリカ大陸以外にはまったくない。小さくて見逃しやすい手がかりからも、このような大きな発見がなされうるのである。

何千年も昔の地球を引っかいて作ったこのような古代巣穴は、ブラジル南部で数千個が発見されている。

オオナマケモノは先史時代の動物だが、現代の地形に爪痕を残している。

古代

ショーヴェ＝ポン・ダルク

世界で最も古く最も良好に保存されている具象壁画の洞窟

フランス

北緯 44° 23' 21"
東経 04° 24' 57"

古代の人間が我々に語りかけるとしたら、彼らが媒体として選ぶのは地下世界だろう。地下空間は、*Homo erectus*、*Homo neanderthalensis*（ネアンデルタール人）といった大昔の原人と密接に関連しているため、彼らを指し示す簡略な呼び方に用いられている。「穴居人」である。

というわけで、太古の親戚、21世紀の我々が持つ遺伝コードを伝えてくれた先祖についてもっとよく知るために、地下世界へ向かうことにしよう。先祖の生活に関してわかっていることの大部分は、骨、道具、動物の死骸、そしてもちろん、先史時代の人々が洞窟に残した絵画の研究から得られている。洞窟は彼らが安全や避難のために通常暮らしていた場所だ。大昔の人間についての重要な発見の多くは、こうした地下空間でなされている。2003年にインドネシアのフローレス島のリャン・ブア洞窟で発見された有名な「ホビット」こと *Homo floresiensis*、2008年にロシアのデニソワ洞窟で見つかったいまだ分類不能な「デニソワ人」、2012年に中国南西部で発見された「馬鹿洞人」などだ。

これを踏まえたうえで、フランス南東部の石灰岩台地へと移動しよう。1994年12月、文化省に属する地元の公園管理人ジャン＝マリー・ショーヴェは友人エリエット・ブリュネル、クリスチャン・イレールとともに、アルデーシュ川にかかる天然橋ポン・ダルク上方の峡谷で先史時代の人工遺物を探していた。落ちていた岩石の狭い割れ目につまずいたショーヴェは、大胆にも体を押し込んでその小さな穴に入ってみた。謎のトンネルをゆっくりと下りていくと未知の地下空洞に出たので、友人ふたりも急いであとを追った。足元には動物の骨、割れた石筍、その他の堆積物が散乱している。突然ブリュネルが「ここに人

壁画に描かれた動物の多くはヨーロッパでは数万年前に絶滅しており、絵の古さを示すさらなる証拠になっている。

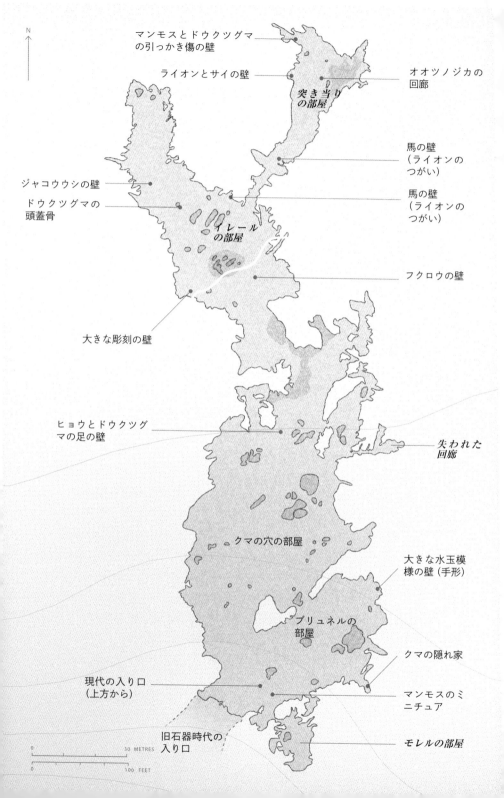

N

マンモスとドゥクツグマ
の引っかき傷の壁

ライオンとサイの壁

オオツノジカの
回廊

突き当り
の部屋

馬の壁
（ライオンの
つがい）

馬の壁
（ライオンの
つがい）

ジャコウウシの壁

ドゥクツグマの
頭蓋骨

イレール
の部屋

フクロウの壁

大きな彫刻の壁

ヒョウとドゥクツグ
マの足の壁

失われた
回廊

クマの穴の部屋

大きな水玉模
様の壁（手形）

ブリュネルの
部屋

クマの隠れ家

現代の入り口
（上方から）

マンモスのミ
ニチュア

旧石器時代の
入り口

モレルの部屋

0   30 METRES

0   100 FEET

がいたぞ！」と叫んだ。岩に刻まれた小さく赤い平行線を見つけたのだ。驚いた3人が見上げると、周りの壁には何百もの鮮明な絵があった。ほとんどは正体不明の動物を描いたり彫ったりしたものだ。

プロフェッショナルな経験から、彼らはこの瞬間にも、自分たちが世界で最も古い洞窟絵画をこの何千年で初めて目にした人間になったことに気づいただろう。現在、描かれているうち1,000の絵は後世に残すため記録されており、放射性炭素年代測定によって少なくとも3万年前、もしかするとそれより古いことがわかっている。こうした測定結果はまだ多少議論の余地があるものの、ショーヴェ＝ポン・ダルク（現在の正式な名称）で見つかったクマの骨はその後行われた年代測定によって2万9,000～3万7,000年前のものと推測されており、最初の分析結果を裏づけている。

絵では、洞窟の壁の凹凸や動物たちの大きさの違いを利用して遠近感を出す、さまざまな色を使うといった、洗練されたスタイルや技法が用いられている。そのためフランス文化省の言葉を借りれば、この発見は「美術の誕生とその発展に関する定説を覆した」。興味深いことに、かつてここに住んでいたオーリャニック人が描いたと思われるこれらの動物は、洞窟内でよく見られる動物とはかなり違っている。ヨーロッパのほかの地域で見られる一般的な馬やバイソンもいる一方で、少なくともスケッチの半分は普通ヨーロッパにはいない動物を描いている。マンモス、ライオン、ハイエナ、それにサイまで。絵によって蘇った動物たちは、失われた世界を垣間見せてくれる。こうした恐ろしい野生動物たちが、人類の祖先の発達した狩猟技術によって絶滅に追いやられる前にヨーロッパじゅうを闊歩していた世界である。

悲しいことに、こういう珍しくてデリケートな場所に観光客が大量に押し寄せると、ここにしかない特別なものはすべて急速に失われてしまう。先史時代の絵画にあふれた洞窟、フランス南部ドルドーニュ県のラスコーとスペイン北部カンタブリア州のアルタミラは非常に有名だが、どちらも現在一般には非公

開となっている。しかし、それまで数十年にわたって観光客が持ち込んだ二酸化炭素、熱、湿気のせいで、貴重な絵画は修復不可能なほど劣化してしまった。ショーヴェが潜り込んだ穴のある岩石はポン・ダルクの絵を2万年かそれ以上の間守っていたと思われるが、外部の湿気や空気にさらされ、専門家や研究家がどんどん訪れると、それらも取り返しがつかないほど傷んでしまう危険がある。この発見は非常に稀有できわめて貴重なものであるため、ショーヴェ＝ポン・ダルクは一般公開しないという決定がなされた。しかしERGC（Grand Projet Espace de Restitution de la Grotte Chauvet「ショーヴェ洞窟回復大規模プロジェクト」）はグーグルと共同で詳細まで正確な壁画を備えた洞窟の完全なレプリカを作り、観光客は中に入ってバーチャルに観賞できるようになっている。

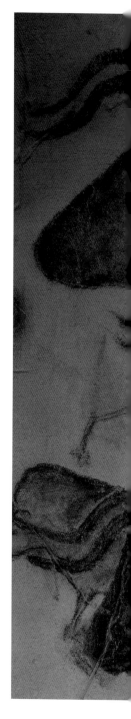

ショーヴェの壁画の見事なスタイルは、さまざまな絵画技法の発達に関する我々の理解を根本から覆した。

デリンクユ

かつて2万人が暮らしていた地下都市ネットワーク

　逃げることはできるが、隠れることはできない——歴史上、映画に出てくる悪者たちは言う。現代のトルコに位置するカッパドキアの古代の住人なら、異を唱えるかもしれない。地平線の向こうから敵が襲ってきたら、彼らは巣穴に引っ込むウサギよろしく急いで地下に潜っただろう。侵略軍が到着したときには、出迎えるのは人けのないゴーストタウンだけ。その都市の地下には、侵入の困難な入り組んだ洞窟網がある。あたかも数千もの人々が跡形もなく消え去ったかのように見えたことだろう。

　カッパドキアでは自然の造形物と人工物とが交ざり合い、その光景は見る者を幻惑する。トロス山脈の北の中央アナトリア地方には、一見地球ではないかのような景色が広がっている。何度となく起こった火山の噴火によって数百万年の間に幾層もの灰が古い湖の上に積み重なり、やがて冷えた大地は地下数百メートルで「凝灰岩」という軟らかい多孔質の岩に、その上を覆った溶岩は冷えて硬い玄武岩になった。周りの地面が浸食されて崩れた結果残された凝灰岩の柱、いわゆる「妖精の煙突」は、古い板から無秩序に飛び出す釘さながらに地面から突き出て立っている。その中には高さ40メートル（130フィート）のものもあり、それぞれが小さなキノコの傘のようなものをかぶっている。

　このようなユニークで驚異的な地形が、現在カッパドキアが1985年にユネスコ世界遺産に指定されたギョレメ国立公園に含まれている理由のひとつである。しかし、これは地表の光景にすぎない。地下にははるかに奇妙な風景が広がっている。カッパドキアの地下にはなんと250以上の、火山活動によってできた軟らかな凝灰岩を人間が掘って作った町や都市が埋もれて

トルコ

北緯 38° 22' 31"
東経 34° 44' 01"

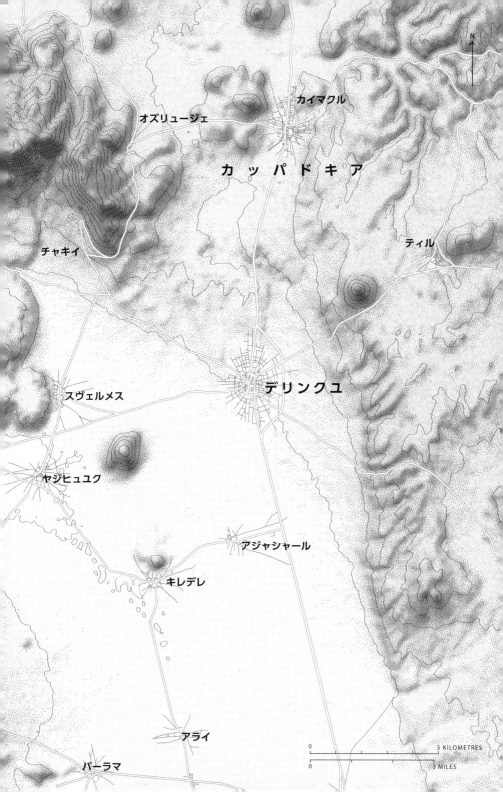

オズリュージェ

カイマクル

カッパドキア

チャキイ

ティル

スヴェルメス

デリンクユ

ヤジヒュユク

アジャシャール

キレデレ

アライ

バーラマ

N

5 KILOMETRES

3 MILES

いるのだ。

それらの中で最大の都市は、1965 年まで未発見だったと思われるデリンクユである。ある地上の住民が自宅の壁を壊したところ、地下の巨大通路への入り口が見つかったのだ（デリンクユの文字どおりの意味は「深い井戸」）。発掘されたデリンクユは、アリの巣のようなトンネルの集まりで構成されていた。最も深いところは地表から 85 メートル（280 フィート）──ビッグ・ベンや自由の女神の高さと同じくらい──下まで伸び、18 以上の階層からできている。そこには巨大な貯蔵庫、学校、教会、それに深い地下河川の水を利用した設備の整ったワインやビールの醸造所まであった。

階層間には大きな立坑が走っており、住民が新鮮な水を得るための井戸として使われたものもあれば、異なる階の間での通信手段となっているものもあった。暗闇を払うために亜麻仁油のランプが地下空間を照らし、ある程度の暖かさをもたらしたのだろう。デリンクユにはかつて 2 万人を超える人々が住んでいたと推測されている。

また、地下で暮らしたのは人間だけではない。大きな馬小屋など、家畜も飼い主とともにトンネルにいられるよう専用の部屋が作られた。住民は牛の肝臓に石灰を加えて有機性廃棄物の分解スピードを速める手段を編み出し、放っておいたらトンネルにあふれたであろう人間や動物の大量の排泄物を処理した。さらに、薄気味悪いことだが、トンネルには地表に戻ってちゃんとした埋葬ができるようになるまで遺体を保管する、一時的な墓地まであった。

荒波に揉まれる小舟のように、ヨーロッパと中東を行き来する外国の侵略者による攻撃の波を受ける地域で暮らすカッパドキアの住民は、常に望まれざる敵の訪れを恐れていた。デリンクユやその近隣の都市を最初に作ったのはヒッタイト帝国だと思われる。3,000 ～ 4,000 年前にこの地域を支配していた古代人だ。彼らはフリュギア人など野心ある侵略者からとりあえず身を守るため、いちばん上の階層を粗削りに作ったと考えられている。

地下85メートルまで伸びる、
デリンクユのトンネルの
断面図。

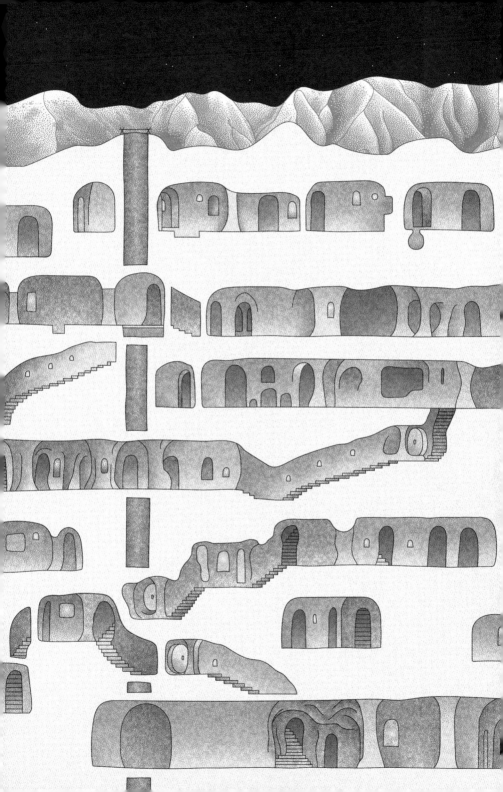

　やがてヒッタイトは衰退し、カッパドキアには代わってアッシリア人やペルシア人などが住むようになって、それぞれの文明がさらに深く地下を掘り進んでいった。6世紀頃には東ローマ帝国がこの地域を支配し、いっそう深く掘ってもっと精巧な長方形の階層を下に作り、デリンクユのトンネルを拡張した。東ローマ帝国は何世紀にもわたるアラブの侵略に直面しても頑として譲らずこの地を守り続け、襲撃者を追い払うためさまざまな中世式の罠や障害物を編み出した。

　まず、都市の正確な場所を悟られないよう、デリンクユの広い共同厨房の煙突は意図的に曲げられて2キロも離れた地面から煙を出すようにされた。たとえ侵略者が本物の入り口を見つけたとしても、彼らは狭くて低いトンネルを通らざるをえず、そのため身を屈めたり、時には這ったりしなくてはならなかった。トンネルには巨大な輪が設置されていて、それを入り口まで転がして出入りを阻み、中に入った侵略者を閉じ込めた。輪には小さな穴があり、防衛軍は輪の外の安全なところから敵に

槍を刺すことができた。トンネルの上に取りつけたパイプから
は熱い油が敵に注がれた。現在は崩壊しているが、あるトンネ
ルは長さ10キロメートル（6マイル）もあって、1万5,000人
が住む隣の地下都市カイマクルとつながっており、逃げ道とし
て使えるようになっていた。こうした巧みな罠やいざというと
きの戦略により、デリンクユの何千人もの住民は、何週間、必
要とあらば何カ月も、安全な地下世界で避難していられたのだ。
　2013年、近くのネヴシェヒル地区で解体作業を行っていた
建設労働者が、地下深くに通じる未知のトンネルを発見し、新
たな地下都市が現れた。そこは広い教会、厨房、ワイン醸造所、
亜麻仁油圧搾施設などを備えており、デリンクユと同等かそれ
以上の規模だと考えられている。大学の地球物理学者たちがこ
の地域を調査して、デリンクユよりはるかに深いおよそ113メ
ートル（371フィート）まであると測量した。カッパドキアの
ミステリーは、その秘密を徐々に露わにし続けている。

秦の始皇帝陵

数千体の陶製の兵士に守られた、いまだ開かれざる墓

　ビシッ。インディ・ジョーンズばりの精巧な罠を次から次へとかわしたあと、ついに目的地が見えてきた。謎の墓地の中心は、前方に見える霊廟を入ったところにある。ここは2,000年以上封印されてきたのだ……たった今まで。勇敢な発掘チームは力ずくで墓地に押し入り、荒々しくまっすぐ目標に向かった。ところが墓をまっぷたつに割ったとたん、チームのメンバーは咳き込みはじめ、呼吸ができなくなった。ひとりが、もうひとりのほうを向く。その目は赤く腫れ上がっている。彼女は震えながら胸を押さえ、突然襲ってきた痛みのもとを探ろうとした。チームの人々は血を吐きながら、ひとり、またひとりと倒れていく。2,000年以上経っても、秦の始皇帝の陵墓は犠牲者を求め続けている。

　これは実際に起こった出来事ではない。純粋なフィクション、ちょっとハリウッド的なドラマを盛り込んだお話だ。とはいえ、中国秦王朝の最初の皇帝たる始皇帝の眠る陵墓を暴いたら何が起こるかについての現実的な推測と、それほどかけ離れてはいない。秦は繁栄した王朝で、広大な地域の敵対する部族を統一してひとつの国とし、北部で万里の長城の建設を始めた。この国の英語名（Qin）は、皇帝自身の名前（「秦始皇」）に由来している。

　一般に皇帝の中には、自らの安全と贅沢な暮らしを維持するため近衛兵に守られることを要求する者がいる。この世を去ったあとでもそれを求め続ける者もいる。始皇帝がまさにそうだった。紀元前210年に彼が没すると、死後も偉大な皇帝を守るため、何千体もの陶製の兵士（俑）の製作が始まった。田舎の農夫によって1974年に初めて発見されて以来2,000体以上が発掘されたが、さらに6,000体が埋まっていると考えられてい

中国

北緯 34° 21' 53"
東経 109° 15' 14"

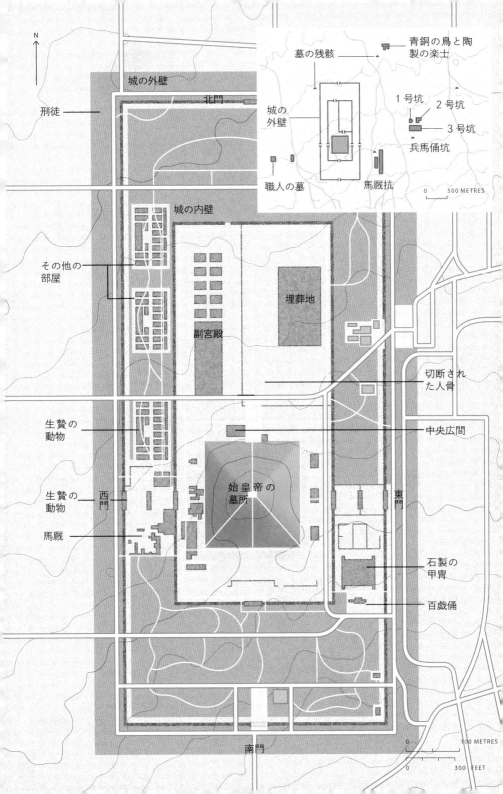

N

城の外壁
北門
刑徒
城の内壁
その他の部屋
副宮殿
生贄の動物
生贄の動物
西門
馬厩
始皇帝の墓所
埋葬地
切断された人骨
中央広間
東門
石製の甲冑
百戯俑
南門

墓の残骸
青銅の鳥と陶製の楽士
城の外壁
1号坑
2号坑
3号坑
兵馬俑坑
職人の墓
馬厩抗

0　500 METRES

0　　　　100 METRES

0　　　　　　300 FEET

る。このボディガード軍団（ただし楽士や雑技芸人などの文民も含まれている）は非常に大規模で印象的、そして不思議なほど良好に保存されているため、兵馬俑は彼らが守るべき偉大な皇帝以上に有名になった。発掘後、多くの兵馬俑はツアーに出ている。初の海外展示は1982年にオーストラリアのメルボルンで行われ、その後シドニーからサンティアゴまで、ニューヨークからニューデリーまで、トロントからトリノまで、世界各地の博物館で展示されてきた。

　だが、兵馬俑が国際的な人気を博している一方で、彼らが生まれる原因となった人物はいまだ謎に包まれている——少なくとも彼の埋葬地は。実は、墓所は一度も開かれていないのだ。1930年代のエジプトのツタンカーメン以来最大の考古学的発見だと考えられているため、当局はツタンカーメンやその他過去の失敗した発掘から教訓を学び、その扱いにはきわめて慎重に臨んでいる。発見から40年以上経過したにもかかわらず、彼らは実際に中に入る前に、墓と周囲の地下都市に関する詳細が研究できるような新技術の到来を辛抱強く待っているのだ。

　この陵墓の規模は驚異的である。墓自体は高さ76メートル（250フィート）、面積はおよそ17万2,500平方メートル——42エーカー以上、バッキンガム宮殿2個分ほど。容積計測スキャンにより一部分が完成した3D画像は、広い中庭に少なくとも18の小屋があり中央にひとつの建物がそびえ立つ様子を映し出している。この建物が始皇帝の永眠の地だと思われる。この墓も精巧で非常に大きいと思われるが、それを取り囲む敷地ははるかに広大である。発掘されたエリア全体は約56平方キロメートル（21平方マイル以上）、マカオの面積の2倍。そのすべてが、死去した皇帝ひとりのために建てられたのだ。

　考古学上、ひとつ非常に大きな懸念がある。兵馬俑は墓に入ろうとする者を待ち構える現実的な危険についての真剣な警告ではないか、というものだ。陶製の兵士よりも恐ろしい正真正銘の罠が設置されていて、それは今なお機能しているかもしれない。地元の研究者による調査では墓の周辺できわめて高レベルの水銀が検出されており、野望を持って墓を荒らした者は水

始皇帝は紀元前210年、死後も彼を守るための8,000体の陶製の兵士や召使いとともに埋葬された。

銀中毒に陥る可能性がある。そのため、こうした説がどれほど
突拍子もないか(あるいはそうではないか)を調べるのに、ま
ずは墓に入ることのできる小さなロボットといった技術を用い
て初期分析を行おうという動きがある。

このような状況を考えたとき思い浮かぶのは、特定の埋蔵場
所を荒らさないよう未来の世代に伝えるにはどうすべきかとい
う現代の議論である。現代の言語や記号がいずれはすたれると

1号兵馬俑坑、東区画

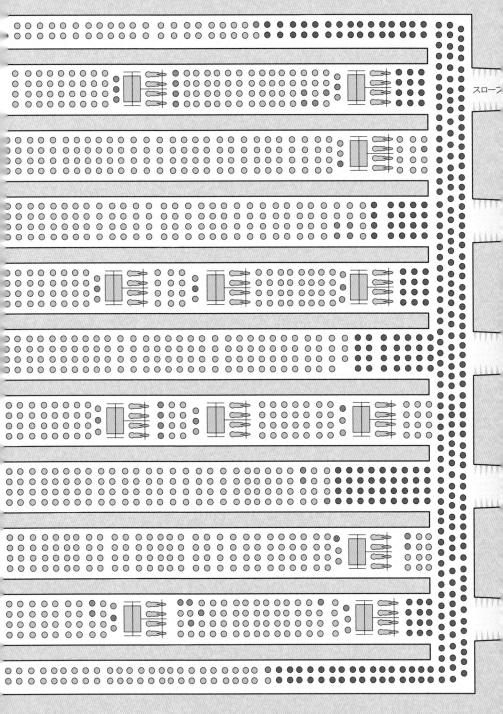

スロープ

○武装した兵士　　　●非武装の兵士　　　●役人　　　○御者　　　●将軍

仮定すると、2,000年以上先の文明に対して、有害な核廃棄物、汚染された鉱毒、あるいは有害伝染病の病原体の生き残りなどを入れて封印した貯蔵庫を開けないよう警告するには、現代社会はどうすればいいのか？　特定の危険な埋蔵物の中を覗き込まないよう子孫に警告する方法として、危険そうな釘など恐ろしげなデザインの記号を組み込む、そこを敬遠させる歌や民話を作って代々伝えることで民族の文化に危険を教え込む、といった提案がなされてきた。だが秦の始皇帝陵のケースが示すように、人類には永遠の好奇心があるため、そうした埋蔵地に近づかないよう人々に教えるのがかなりの難題なのは未来永劫変わらないだろう。

ヘルクラネウム

古代のヴェスヴィオ火山噴火で埋もれた、
あまり知られていない町

イタリア

北緯 40° 48' 21"
東経 14° 20' 51"

ナポリ湾沿岸の町レジナの修道院、1709年。ひとりの労働者が汗を流して、修道士が体を洗うための井戸を作ろうと中庭を掘っていた。すると驚いたことに、大理石のかけらが見つかった。近くの贅沢な邸宅の建築で大理石が必要とされていることを知っていた労働者は、建築を命じたオーストリアの王子に知らせた。この発見に感激した王子は井戸をもっと広げさせ、中にあった貴重な物質は取り除かれた。こうして、アマチュアによる予期せぬ発見から発掘が始まり、ヘルクラネウムの町の埋もれていた残骸が見つかった。1,500年もの間、歴史から忘れられていた町である。

ヘルクラネウムが劇的に消えた原因はよく知られている出来事だが、それが有名なのは主に隣の都市がこうむった打撃による。紀元79年8月24日、太陽がのぼってイタリアの朝を明るく照らしたときヴェスヴィオ火山が噴火して、灰や岩石などの破片を含んだ分厚い雲を空中に噴出させた。「それが運んできた土や灰の量によって、白く見えることもあれば、薄汚れて見えることもあった」目撃者のひとり、雄弁で知られる古代ローマの著述家、小プリニウスはそう書いた。「雲は木の幹のごとく高くまで立ちのぼり、そのあと枝分かれした」

灰と軽石が古代ローマの都市ポンペイに降り注いだ。逃げ遅れた者は、かつて栄えた街と運命をともにして、落ちてきた火山灰にのみ込まれた。火山灰はこの都会の大部分を覆って建物をつぶし、何千人もの命を奪った。多くは、恐怖に駆られてしゃがんだりうずくまったりした最期の瞬間の姿勢のまま、永遠に固まった。以来ポンペイは、世界有数の象徴的な考古人類学遺跡となっている。

小さな海沿いの町ヘルクラネウムも同様の惨事を経験した。ポンペイがゆっくりと積もった灰の下に消えようとしているとき、一種の豊かなリゾート地で、当時華やかなお祭り騒ぎだったヘルクラネウムは、火山の頂上から噴き出したとてつもなく激しい火砕流に襲われていた。時速100キロメートル（60マイル）かそれ以上の速さで流れ、温度は摂氏520度（華氏968度）以上に達したと推測される、熱いガスと火山灰から成る火砕流は、ギリシア人が建てた小さな居住地をのみ込んだのだろう。ほんの数分で、かつて繁栄したお祭りの町は、その暑い夏の日にヴェスヴィオ火山が地中海の沿岸に引き起こした混乱の雲の下で消滅した。

　そうしてヘルクラネウムの存在は、この大惨事で生き残った市民の子孫たちの想像からも事実上消え去った。新たな移住者がやってきて、ヴェスヴィオ火山の陰になった忘れられた土地に家を建てた。新しい町レジナは、昔ヘルクラネウムを埋没させた瓦礫の上で、それと知らないまま広がっていった。

　18世紀初頭の発掘がすべてを変えた。かつて栄えた町が、そびえ立つ火山の力によって破壊され、自分たちの道路の下に横たわっていることを知り、地元住民はショックを受けたかもしれない。だが一方で、地面をもっと深く掘って足の下に埋もれた古代の世界を見てみたいという願望に火がついた。

　150年以上の間、ヘルクラネウムに埋もれた秘密を露わにするため断続的に発掘が行われた。だが、レジナ（20世紀半ばにエルコラーノと改名）の下を火砕流が押しつぶした芝生の地面まで掘る工事を正式に始めるのに必要な資金が国から得られたのは、1927年になってからだった。地下18メートル（60フィート）まで掘り進めると、破壊されたポンペイとは異なり、1,800年前と同じ姿ですべてが残されている世界が見つかった。

　スイミングプールや運動場など派手な装飾を施した公共施設、木製の家具、布、保存食、古代ローマ帝国の生活を詳細に描いた焦げたパピルスの巻き物といったものが発見された。最初のうち、ポンペイと違って人間の遺骸はほとんど見つからず、大部分の住民はうまく海まで逃げたのだと思われた。しかし最

現代の
建物

発掘現場の境界線

デクマヌス・インフェリオル

N

A

区画6

B

C

区画5

D

E

高い丘

F

東区画2

G

I

H

区画3

K

区画4

J

L

東区画1

M

郊外の地区

紀元79年のもとの海岸線

0　　　　25 METRES

0　　　　75 FEET

A. アウグストゥス神殿
B. 公衆浴場
C. 美しい中庭の家
D. 焦げた家具の家
E. 高い丘

F. 大体育館
G. 体育館のホール
H. 天才の家
I. 人骨の家
J. 大規模な宿

K. アルコーブの家
L. モザイク広間の家
M. 郊外浴場

終的には 120 人分以上の石化した骨が見つかったため、そうではないことがわかった。施設管理人と思われるひとりのヘルクラネウム人の脳は、極度の高熱にさらされた結果ガラスになった状態で発見された。これは脳組織がガラス化して保存されたという、考古学者にとっても珍しい事例である。ヘルクラネウムのような場所で過去を調べることによって、我々の想像をはるかに越えた奇妙な成果が得られることもあるのだ。

ヘルクラネウムは2,000 年近く失われていたが、ヴェスヴィオの火砕流の下でその姿を保っていた。

ラビリントス洞窟

伝説的なギリシアの迷宮はどこに？

　地下深くの巨大迷宮。どんな生き物の血をも凍らせる、半人半牛の恐ろしい囚人。囚人に食べさせるため毎年アテネから14人の若者を送ってくるよう要求する、冷酷な支配者ミノス王、ゼウスの息子。怪物と戦ってこの暴政を終わらせようとする勇気を持つただひとりの男、英雄テセウス。その知恵によって我らがヒーローを無事に帰還させる王女アリアドネ。そして最後に、この古代の物語の現実世界における場所、古代ギリシアの代表的な悪役が血にまみれて最期を迎えた地。

　一般に地下空間は、わざわざ空想を持ち込むまでもなく非常に薄気味悪い。しかしミノタウロスの迷宮には、その伝説の場所が実際はどこにあるにせよ——あるいは、その有名な話が何に触発されて生まれたのかにせよ——本当に想像をかきたてられる。この物語は1,000年間も時の試練に耐えて存続し、進化してきたが、その原典はホメロスの『イーリアス』（書かれたのは3,000年近く前）、もしかするとさらに前までさかのぼるかもしれない。

　20世紀初頭、裕福なイギリス人考古学者アーサー・エヴァンズが、この有名な迷宮の場所と推測されているクレタ島の町クノッソスの近くで遺跡を発見した。エヴァンズは、これはミノス王の宮殿だと仰々しく宣言し、その話は現在まで100年以上も語られ続けている。このどこかに、多くの若きアテネ人が早過ぎる死を迎えた牛の怪物の迷宮があるのだ、とエヴァンズは高らかに告げた。その話に釣られて観光客が集まり、1世紀ののちもこの場所には年間60万人もが訪れている。この立派な宮殿をひと目見て、地下に埋もれた暗い迷宮に思いを馳せる機会を求める人々である。エヴァンズは遺跡に少々手を入れてもいる。古代を装った木製の梁やフレスコ画を用いて宮殿の復

ギリシア

北緯 35° 03' 46"
東経 24° 56' 49"

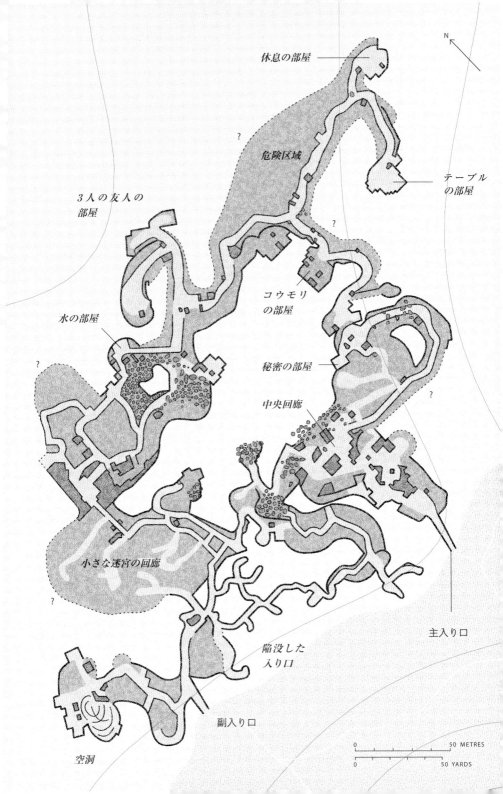

休息の部屋

N

危険区域

テーブル
の部屋

3 人の友人の
部屋

?

コウモリ
の部屋

?

水の部屋

秘密の部屋

?

中央回廊

?

小さな迷宮の回廊

?

主入り口

陥没した
入り口

副入り口

空洞

0   50 METRES

0   50 YARDS

元を行い、人を引きつけるよう色彩や活気を加えたのだ。

　しかし、怪物を殺したあと脱出するため糸の玉を持って迷宮に入っていったテセウスの登場と同じく、この物語も予想外の展開を見せた。2009年、オックスフォード大学の地理学者、歴史家、地質学者、考古学者から成る精鋭の学者チームが地元のギリシア洞窟学会などと共同で、16世紀のベネツィアの地図に従って調べた結果ミノタウロスの迷宮が実在するとしてもそれはクノッソスとは限らないとの結論に達した、と発表したのだ。

「クノッソス宮殿がかの迷宮の場所だとするエヴァンズの推測は、もっと懐疑的に扱われるべきである」調査隊の隊長ニコラス・ハワースは、その発表で新聞記者に語った。「こうした考え方が広く大衆の心を強く引きつけているのは、考古学的あるいは歴史的な事実に基づいているというよりも、過去の物語を信じたいというロマンティックな願望――それに加えて、エヴァンズの個性と、彼のオックスフォードの『ドン』としての学会における特権的な地位――によると思われる」

テセウスとミノタウロスにまつわるギリシア神話は1,000年もの昔から存在しており、現実世界の場所にヒントを得て生まれたのかもしれない。

その代わりに、32キロメートル（20マイル）離れたゴルテュナにあるラビリントス洞窟というあまり知られていない昔の採石場が、より可能性の高い場所として提唱された（根拠のひとつはその名前だろう）。この入り組んだ洞窟には全長が少なくとも4キロメートル（2.5マイル）のトンネルがあり、何世紀もの間かの迷宮かもしれないと考えられてきたが、エヴァンズがクノッソスをその場所だと公言してからは他の多くの候補地と同じく忘れ去られた。専門家たちは迷宮の存在を示す確かな証拠を見つけられなかったものの、ラビリントス洞窟のトンネルはある程度人工的に掘られて広げられたと結論づけ、人間が通るために作られたものかもしれないとする興味深い示唆を行った。

　ラビリントスの通路の多くは確かに意図的に切り出されたように見え、ほぼ鋭角的な切り口もある。トンネルの大部分は乾燥しており、楽に歩けるほどの広さがある。また、でたらめに並べられたようなさまざまな石の寄せ集めである「壁」も多い。洞窟の入り口は第2次世界大戦中ドイツが貯蔵した弾薬が意図せず爆発したとき大きな損傷を受けたため、トンネルの謎はさらに増した。こうした弾薬の残りは、いまだに今日でも洞窟のあたりを歩こうと考える人にとって脅威となっている。

　この洞窟は、本当にどこかで迷宮とつながっているのかもしれない。迷宮はまったく別の場所にあるのかもしれない。これは地下世界が永久に明かすことのない秘密、現代の実証的分析にさらされることを拒む伝説物語なのかもしれない。「どの場所も、自分のところが謎の迷宮の地だと主張するだろう」ハワースは続けて言った。「だが結局のところ、考古学も神話も完璧に答えられそうにない疑問は存在する」

テノチティトラン

古代アステカ都市の未発掘遺跡

崩れかけた白い壁、粗雑に接着されたコンクリートブロック、都会の腐敗したゴミ。このダウンタウンの道路はメキシコシティのほかの道と少しも変わらないように見える——巨大なパン切りナイフで切りつけられたかのように道路の表面に大きく開いた穴を除けば。

新聞記者やカメラマンが列をなして一方の端に並び、穴を見下ろしている。穴の内部で注目を集めているのは、メキシコ国立人類学歴史研究所で働く考古学者ラウル・バレーラだ。多くは本当に彼の洞察に満ちた言葉に熱心に耳を傾けているが、視線は時々ちらちらと彼のすぐ後ろに並べられた人工遺物に向けられている。

それも当然だろう。バレーラ率いるチームは最新の驚異的な発見を発表しているのだ——アステカ帝国の時代までさかのぼる、アステカの風の神エエカトルを祀る礼拝場と埋もれた神殿である。メキシコシティ中心部のソカロ広場からほんの数メートルのところでそれが発見されたのは、ホテルが数百年も放置されていた隣の土地で修復工事を始めたときだった。

人口2,100万人、高層ビル27棟、地下鉄12路線を擁するメキシコシティは、世界有数の巨大都市だ。だがそこは、祖先の埋もれた残骸の真上に作られた、稀有な過去を持つ街でもある。スペインのエルナン・コルテスが16世紀初頭に現代のメキシコに来たとき、彼をはじめとしたコンキスタドールたちは当時の皇帝モンテスマ2世に連れていかれたアステカの首都テノチティトランを見て、その豪華さに唖然とした。

1325年にメシカ族によってテスココ湖に浮かぶふたつの小島に作られたテノチティトランは、メシカ族が他の民族と同盟してアステカ文明を繁栄させたのに伴って急速に発展し、湖か

メキシコ

北緯 19° 26' 00"
西経 99° 07' 55"

テネヨカン土手道

N

テペヤカック土手道

ウイスナワク

アテペトラ

テスココ湖

ソチマンカ

トラテロコ

大規模市場

アサカルコ

ネスティトラン

テノチティトラン

トラコパン
土手道

テンプロ・マヨール

モンテスマの宮殿

モヨトラン

ソキアパン

ミクシウカ

トラカテコ土手道

アウェウェトラン

サカトラマンコ

イスタパラパ土手道

3 KILOMETRES

2 MILES

らいくつもの橋や土手道を通じて本土までつながった。少なくとも78の（もしかすると数百にものぼる）神殿が湖上都市に建設され、40万ほどの住民が暮らすための家、学校、その他必要な設備ができた。「湖に建設されたそれらの都市や村を見て（中略）我々は仰天した」コンキスタドールのベルナル・ディアス・デル・カスティリョは著書『メキシコ征服記』でそう表現した。「これらの大都会や［祈祷所］や建物は水面からそびえ立ち、すべてが石で作られている。（中略）兵士の中には、これはすべて夢ではないのかと言う者もいた。（中略）あまりに素晴らしくて、これまで誰も聞いたことも見たことも夢に見たこともないものを初めて目にしたときのことを、どう表現していいかわからない」

　スペインの公式記録によれば、モンテスマは進んでテノチティトランと帝国全体をコルテスに引き渡し、のちに起こった暴力事件は（そのひとつは皇帝の命を奪った）単にアステカのゲリラ戦士が強情に抵抗したため起きたにすぎない、とされている。多くの歴史家がこの見方に疑問を抱いており、暴虐な戦いの末スペインがこの荘厳な都市を征服したのだと指摘する。

　いずれにせよ、ひとたびこの都市国家を完璧に支配するや、スペインは1521年にまったく新たな都市を作りはじめ、テノチティトランに存在していた基盤構造の真上に（しばしば、かつてアステカ帝国が有していたのと同じ石を使って）華々しい新世界の首都を建設した。現代の大統領が執務するメキシコ国立宮殿は、モンテスマの古代宮殿の上に建っている。しかも、首都の中心的な建物である壮大なメトロポリタン聖堂——その建設には1573年から1813年までほぼ2世紀半を要し、そのためルネサンス、バロック、新古典主義の建築様式が混在している——は、アステカ世界の中心をなす巨大神殿テンプロ・マヨールとほぼ同じ場所に建てられた。1978年、電気工事士が古代の石柱を偶然発見し、5年間の発掘の結果、この過去の偉大な神殿の崩れた残骸であることが判明した。

　今日、水道管から電気ケーブルに至るまで、メキシコシティの古い部分での地下保守作業はすべて国立人類学歴史研究所の

N

汽水

淡水

スンパンゴ湖

サルトカン

サルトカン湖

クアウティトラン

テオティワカン

チコナウトラ

アルコマン

グアダルーペ山脈

テスココ

エカテペック

アトサコアルト

アトサコアルト

テスココ湖

ウエクソトラ

トラコパン

テノチティトラン

チャプルテペク

ネ
サ
ワ
ル
コ
ヨ
ト
ル
土
手
道

ミクスコアク

コヨアカン

クルウアカン

イスタパラパ半島

ソチミルコ湖

チャルコ湖

2020年頃のメキシコシティ

ソチミルコ

チャルコ

—— メキシコシティ都市部

—— テスココ湖の名残

0   20 KILOMETRES

0   10 MILES

現代のメキシコシ
ティはアステカ帝
国の中心たるテノ
チティトランの上
に建設された。

監督下で行わねばならない。エエカトル神殿発掘が示すように、古代の建造物は出土を続けている。本書執筆のつい1カ月前、またしても度肝を抜くようなアステカ遺跡が近くで発見された。650以上の男性、女性、子供の頭蓋骨でできた塔である。彼らは太陽神・軍神のウィツィロポチトリへの生贄だと考えられている。

　近年、メキシコシティの宝の一部が都市生活のもたらす不幸な現象によって現れた。湖盆の水に浸かった名残に大都会を建設した場合に予想されるように、この歴史都市は沈下しつつある（都市の需要をまかなうための地下水の大量揚水も状況の悪化に寄与している）。平均すると1年に6センチ（2.5インチ）ほどにすぎないが、もっと大幅に沈下している構造物もあり、最大で年間40センチ（1フィート以上）にも達する。そのため多くの遺跡の建物が明らかに傾いている。前述の大聖堂は、問題を食い止める大規模な安定化工事が行われる前に、壊滅的打撃となりかねない地盤沈下の憂き目に遭っている。

　とはいえ、都市生活の弊害は市当局にとっては大問題かもしれないが、考古学者にとっては僥倖である。地盤に割れ目ができたなら、未発見の宝物に通じるかもしれない道が開けるのだ。地下探査レーダーや3Dスキャンといった最新技術を用いることで、植民地建造物の下に眠る遺物や遺跡が可視化され、分析可能になる。いずれ、コルテスらが永遠に埋没させようとしたテノチティトランの歴史が再び完全な形で浮上するかもしれない。

生贄とおぼしき何
百もの頭蓋骨から
成る塔は、道路の
下から発掘された
建造物のひとつ。

バシリカ・シスタン
（イスタンブール地下宮殿）
コンスタンティノープルの地下にある沈んだ巨大な宮殿

ペトルス・ジリウスは、周囲の世界に関する不可解な疑問への答えを求める学究心豊かな男性だった。この好奇心旺盛な旅行者は 1545 年に東ローマ帝国の華やかな首都コンスタンティノープルを訪れたとき、エーゲ海と黒海の間にある塩水湖マルマラ海のほとりにあるこの都市では住民が地下室の下に開けた穴からバケツに真水を汲み上げている、との奇妙な噂に興味を引かれた。さらに不思議なことに、そのバケツには時々淡水魚が入っているという。地元住民の中には、釣り針のついた糸を垂らして夕食の材料を釣っている者もいる。これはジリウスのような魚類学者兼地形学者にとっては突拍子もない謎だった。スケッチブックと松明だけを持ってある地下室に潜り込んだ彼は、地表から 10 メートル（30 フィート）下に隠された壮大な地下構造物を発見した。謎の魚は巨大な人造池で泳いでおり、池はアーチ形の天井まで伸びる背の高い数百本の大理石の柱で取り囲まれていた。

この途方もない構造物は紀元 532 年、皇帝ユスティニアヌス 1 世の命により、壮麗な神殿の数々（今日でもイスタンブールの空を支配し続けているアヤソフィアの巨大ドーム型神殿など）の需要に応えるために建設された。7,000 人と推測される奴隷の労働により完成した貯水池は、現在は廃墟となっているストア・バシリカの地下で、国際的サッカー場よりも広い 9,800 平方メートル（10 万 5,000 平方フィート）をカバーしていた。ローマ時代の古い建築の遺跡から再利用された材料を用いた高さ 9 メートル（27 フィート）の整然と並んだ柱 336 本が、内部の貯水池を支えている。水は 20 キロメートル（12 マイル）先から水道橋経由で貯水池へと引き込まれた。最大容量まで満

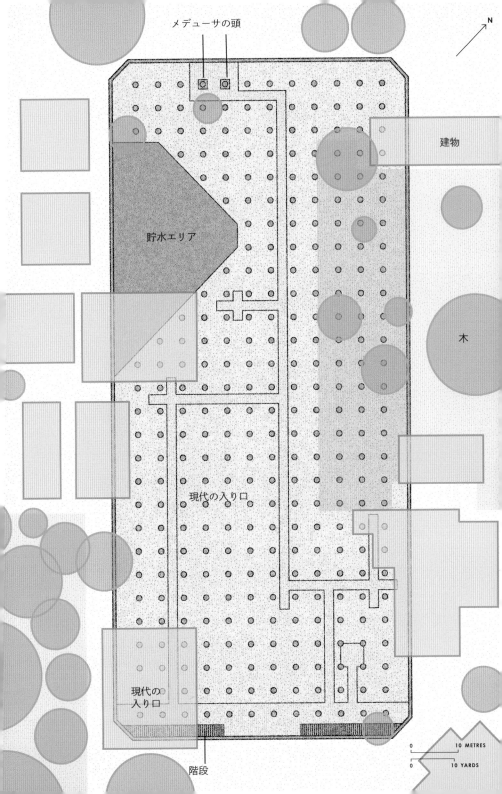

メデューサの頭

N

建物

貯水エリア

木

現代の入り口

現代の
入り口

階段

0 ────── 10 METRES
0 ────── 10 YARDS

立派な大理石の柱が、コンスタンティノープル（現在のイスタンブール）の地下に作られた最大の貯水池を支えている。

たされた場合、8万立方メートル近くの水をたたえたと思われる。オリンピック級のスイミングプール30個分、ロンドンのロイヤル・アルバート・ホールを満たせるほどである。

　バシリカ・シスタンは、当時コンスタンティノープルの地下に作られた30以上の貯水池の中でおそらく最大のものだった。これら貯水池の大きさはそれぞれ異なっていたが、どれも同じ威圧的な様式を保っており、強靭な外部壁と高いドーム型の屋

　根を備えていて、皇帝がこの水源をいかに重要視したかが窺える。当時コンスタンティノープルは常に侵略者による攻撃の危険にさらされており、悪辣な野蛮人や敵対勢力は天然の水の供給路を断とうとしていたが、こうした貯水池によってコンスタンティノープル市民への清潔な水の流れは何カ月も保つことができた。

　コンスタンティノープルは1453年にスルタンのメフメト2

世率いるオスマン勢力に2カ月近くにわたって包囲され、陥落
した。この都市が、繁栄したオスマン帝国の中心として近代的
なイスラムの大都会に変わる中で、壮麗な教会がモスクに転用
されるなど徹底的な変革が行われた。ユスティニアヌスの貴重
な貯水池はあまり芳しい扱いを受けなかった。新たな住民はこ
のような濁った水をあまり好まず、貯水池が徐々に荒廃するに
任せた。そのため、ジリウスがついにこの忘れられた貯水池に
足を踏み入れたとき、そこには腐敗したゴミ、野生の鯉、さら
には死体まであった。

　しかし、バシリカなどの貯水池が蘇るには、そこからさらに
数世紀を要した。18世紀と19世紀に復元が試みられたものの、
地表の都市が成長するにつれて、この素晴らしい建築は汚れて
老朽化していった。ようやく1985年になって（この都市がよ
りおなじみの名前「イスタンブール」へと正式に改称してから
数十年後）歴史的な地下空間は復元されて生き返り、2年後に
一般公開された。現在ここはイスタンブールでも人気の観光地
で、訪れた人々は地表から52段の階段を下り、トルコ語で「沈
んだ宮殿」を意味する「イェレバタン・サラユ」を見ることが
できる。

　とりわけ人気を誇っているのは、2本の柱の根元にある石製
のメデューサ——人を（皮肉にも）石に変えることのできる、
髪の毛がヘビのギリシアの怪物——の頭である。メデューサの
ひとつは横向き、もうひとつは完全に上下さかさまになってい
る。貯水池の建造者たちはこうした古代ローマ時代の材料を、
特に意味のない取り替えのきく建材としか見ていなかったらし
い。バシリカ・シスタンは、ジェームズ・ボンドの『ロシアよ
り愛をこめて』やダン・ブラウン原作のサスペンス『インフェ
ルノ』といった高額予算のハリウッド超大作の舞台にもなった。
何世紀も世界から忘れられていた隠された貯水池にとっては、
手のひらを反す扱いである。

96

エレファンタ石窟群

素晴らしい彫刻であふれる地下寺院

　1本の線にすぎない。しかし元祖ルネサンス人たるレオナルド・ダ・ヴィンチが描いたものならなんでも、専門家が何百年もかけて詳細に調べるに値する。「商人アントネロが所有するインドのエレファンタの地図」かつてダ・ヴィンチはかの有名な手稿にそう走り書きをした。このアントネロが何者かはわかっていないが、それが誰であれ、彼はインドで得た地図の情報によって卓越したイタリア人思想家の関心を引いたようだ。16世紀初頭当時、近年航路が発見されたことでインドはヨーロッパから格段に行きやすくなり、フィレンツェやミラノから野心あふれる商人たちが富を求めて往復するようになっていた。

　問題の「エレファンタ」のことはよくわかっている。それは、インドのボンベイ（その後ムンバイと改名）の沖合約10キロメートル（6マイル）に浮かぶ島々のひとつガラプリ島にある、一連の素晴らしい手掘りの石窟寺院群を指している。この島に最初に人が移り住んだのは2世紀頃で、寺院は5世紀から8世紀までの間にヒンドゥー教の僧によって玄武岩の山腹に掘削して作られた。ヒンドゥー教の主神、創造と破壊を司るシヴァを祀る寺院である。面積は5,000平方メートル（5万4,800平方フィート）、主たる寺院は曼陀羅の形に配置された長い廊下で構成され、壁にはさまざまな精巧な彫刻が施されている。石窟寺院内部に置かれた3つの顔を持つシヴァ神像、サダシヴァは、シヴァの両極端の性質（と、3番目の中立的な顔）を示している。これはヒンドゥー教の中枢をなす教えである輪廻を表現するものだ。創造のあとには破壊があり、破壊のあとには創造がある。

　16世紀にポルトガルの入植者が訪れると、彼らはそこに作られた見事な等身大のゾウの石像にちなんで島を「イーリャ・エレファンテ」（「ゾウの島」）と名づけた。そのゾウはのちに

インド

北緯 18° 57' 45"
東経 72° 56' 00"

N

突堤

ガラプリ村

モラ・
バンダーガアン

エレファンタ・
ヒル

第7洞窟

第1洞窟
第6洞窟

第2洞窟
第3洞窟
第4洞窟
第5洞窟

キャノン・
ヒル

ラジ・バンダーガアン

ゾウの石像の
発見場所

アラビア海

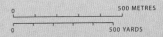

0   500 METRES

0   500 YARDS

ボンベイに移設されたが、移動に携わるスタッフの石像の扱い
が手荒だったため途中で壊れてしまい、大規模な修繕が必要と
なった。溶接し直された石像は現在、少々劣化した状態で、ム
ンバイと改名された都市の公立公園ジジャマタ・ウディアンに
置かれている。

　ゾウの不幸な運命はポルトガル支配下で入植者によって寺院
になされた一連の文化破壊の1例にすぎない、と歴史家は言う。
ポルトガル人は1534年に島を支配すると、面白がって多くの
像を壊し、かつて崇められていた石碑を汚損し、シンボルとし
て重要な意味を持つ銘刻された石を盗んだ。その石の行方は今
も知れない。残った像は人気があり感動的な光景を見せている
ものの、実のところ500年前に発見された当時に比べるとかな
りみじめな姿だと広く考えられている。

　20世紀後半になってついに、石窟と寺院を修復してかつて

エレファンタの素
晴らしい寺院群は
島の玄武岩盤を掘
って作られた。

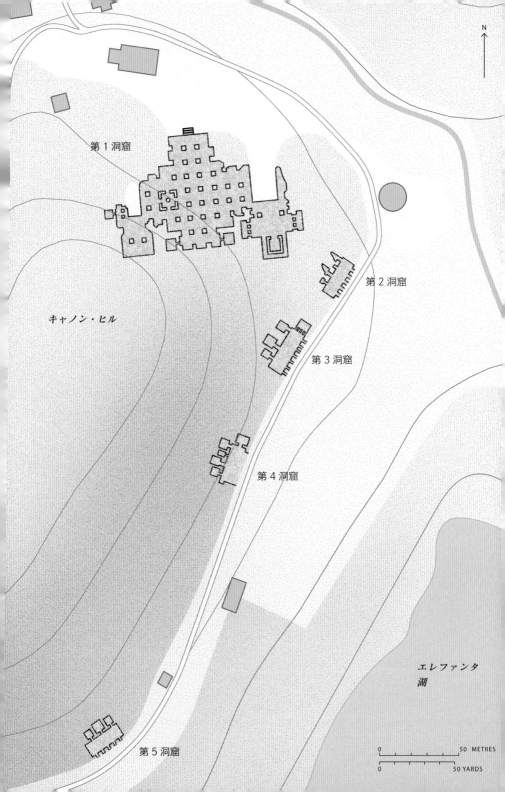

N

第1洞窟

第2洞窟

第3洞窟

第4洞窟

キャノン・ヒル

エレファンタ
湖

第5洞窟

0   50 METRES

0   50 YARDS

の輝きを取り戻すため石窟群をきれいにすることが決まった。多くの外国人観光客にとってエレファンタ島の見事な石窟群は美しい観光名所だが、インドの150万人以上のヒンドゥー教徒にとっては、そこへ行くのは小規模な巡礼、参拝だけでなく教育の地でもある場所への旅である。最初に寺院を作った者たちがおそらく意図していたように、ここは信仰について教える場所なのだ。

　残念ながら、近年この島を襲った度重なる豪雨と洪水は、将来の悪い予兆かもしれない。何百年もの長期にわたって放置されてきたのに加えて、ユネスコはアラビア海の端という危険な場所にあるエレファンタを、海面上昇の影響で危機にさらされている100以上の世界遺産のひとつと認定した。創造のあとには破壊が訪れる。そのサイクルは永遠に続くのである。

A.　ナタラジャのシヴァ
B.　ラクリシャとしてのシヴァ
C.　アンダカスルヴァダムールティのシヴァ
D.　カイラス山の下敷きになったラーヴァナ
E.　シヴァの社
F.　カルヤナスンドラムールティのシヴァ
G.　マナの姿勢を取るパールヴァティ
H.　ガンガーダラのシヴァ
I.　マハデーヴァ
J.　アルダナーリーシュヴァラのシヴァ

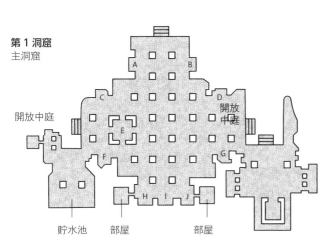

第1洞窟
主洞窟

開放中庭

開放中庭

貯水池　　部屋　　　　部屋

クムラン洞窟

死海文書の隠し場所

死海の北西岸で行われている発掘が、新たな神学上の宝かもしれないものの存在を明らかにする。2017年、このクムラン地区では「死海文書探索作戦」が実行されている。学問界に知られていない洞窟を見つけ、その中にある多くの貴重な遺物を探そうという取り組みである。既に発掘によって新石器時代にまでさかのぼる多くの火打刀や矢尻が見つかっており、遅くとも4,000年前、もしかすると1万年以上前からここに人類が住み着いていたことを示唆している。しかし、これらは発掘隊の主たる目標物ではない。注目を集めたのは、無傷の羊皮紙の巻き物がおさめられたひとつの壺だ。興奮渦巻く中、この試料は分析のため急いでヘブライ大学に届けられた。これは、この地区での60年以上にわたる発掘における最大の考古学的発見なのか？

ひと目見ただけでは、クムラン洞窟が歴史上独特、あるいは特別重要だと窺わせるものはほとんどない。岩々に小さなひびが多く入った景色に埋もれて目立たない岩の小さな割れ目にしか見えないこの洞窟は、時間がきわめてゆっくりしか動かない世界、温かな微風に吹かれる砂漠の砂のように生活のペースが徐々に流れていく場所に存在する、暗くて乾燥した不毛な空間で主に構成されている。よほど想像力豊かな通行人でなければ、このありふれた洞窟が20世紀半ばに世界的な注目を集めるなど、思いもしなかっただろう。

1947年、ベドウィン族の羊飼いたちが迷子の羊を捜してクムランを通っていた。洞窟の入り口に興味を引かれた彼らが中に入ってみると、見慣れない多くのものがあった。その中には革と銅で縛られたパピルスの巻き物があった。この発見が公表されると、1949年には大規模な発掘が始まり、その後10年間で、

イスラエル

北緯 31° 44' 43"
東経 35° 27' 33"

第3洞窟

第11洞窟

第1洞窟

第2洞窟

カリヤ・
キブツ

クムラン

第6洞窟

第5洞窟

第10洞窟

第7～第9洞窟

第4洞窟

自然保護区

死 海

第12洞窟

N

0   500 METRES

0   500 YARDS

かつて同様の巻き物があったと思われる 11 の洞窟がクムラン
地区で見つかった。だが、発掘隊の到着は遅過ぎた。専門家が
現場に来たとき、彼らが見たのは洞窟が徹底的に調べられた痕
跡だった。陶器や空の壺などいくつか残された遺物は研究のた
めに回収されたが、この洞窟が余すところなく盗掘されて貴重
な品々が奪われたのは明らかだった。

　考古学者にとって失われた遺物は金銭に換えられないほど貴
重だったが、もちろんそれらを盗んで闇市場で売りに出した者
たちにとっては金銭に換わるものだった。写本が買えると知っ
た学者たちは、略奪されたものを取り返そうと動きはじめた。
こうして、1,000 近い写本の 1 万 5,000 以上の断片がその後の
年月で買い戻された。現在主にイスラエル博物館で展示されて
いるそれらの文書は一般に「死海文書」と呼ばれており、回収

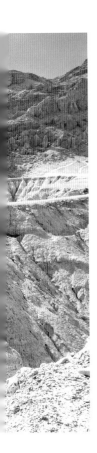

有名な 11 の洞窟
はクムランの険し
い山地に点在して
いる。

された古代の写本の中で最も重要で保存状態のいいものだと考えられている。

　全体として、文書にはキリスト教にとってもユダヤ教にとっても象徴的・歴史的に重要な、知られている中で最古の聖書関連の文書が含まれている。これらは約 2,000 年前にクムランで栄えていたパレスチナ・ユダヤ教の一派、エッセネ派が洞窟に隠したと考えられており、文書は彼らのユニークな生活様式や世界観についても多くのことを明らかにしている。イスラエルは今日まで文書の所有権を主張し続けているが、パレスチナ人（イスラエルが自分たちの縄張りだと考えるものにはたいてい反抗する）やヨルダン人（死海の反対側に暮らす）は、この地区で長い歴史を有する自分たちにも死海文書が象徴する文化遺産を共有する資格があるとして異議を唱えている。

　羊皮紙自体の分析によれば、紙には多量の硫黄、ナトリウム、カルシウム、塩分が含まれており、そのおかげで文書が 2,000 年近く保存されたのだと思われる。そうでなければ、これほど長持ちはしなかっただろう。コウモリの糞化石など洞窟の堆積物の下に文書を隠す（泥棒を寄せつけないためだが、結局それは不首尾に終わった）というエッセネ派の習慣も、文書の寿命を延ばすのに寄与した。同じ羊皮紙の断片だと思われたものがのちに羊や牛などまったく別の動物の皮でできていることが判明するケースもあり、こうした断片がどのように組み合わされるかという途方もない謎をさらに複雑にしている。これらの発見はまた、本物の巻き物を見分けて、偽物がこっそりコレクションに紛れ込むのを防ぐのにも役立っている。

　だからこそ、最新の文書の発見はなおさら興奮を呼んでいるのだ。長年好機を逃し続け、数十年の間新たな文書の発見が待ち望まれた末に、これがそうだという可能性はあるのか？　この新たに発見された巻き物は古代世界についてさらなる光明を投じてくれるのか？　これは歴史的な 12 番目のクムラン洞窟なのか？

　結論は期待外れだった。羊皮紙は本物で、オリジナルの文書と同じく約 2,000 年前のものだった。しかしそれはまったくの

白紙だった。専門家は、これは書くために洞窟に置かれていたのだと考えている。だが言葉が描き加えられることはなかった。とはいえ、もし何かが書かれていたとしたら、これは決して発見されなかったかもしれない。多くの壊れた壺や革紐や包装用の布（そして現代の鉄製のつるはしの頭部）の存在は、盗掘者も1940年代か50年代にこの洞窟を発見して価値あるものをすべて奪っていったことを窺わせる。壺に入った白紙の羊皮紙は、残された数少ないもののひとつだった。期待に応えられなかったとはいえ、最初の11の洞窟以外にも巻き物が残された場所があることが裏づけられた。クムラン洞窟には、まだまだ語られていない物語があるかもしれないのだ。

クムラン洞窟で発見された羊皮紙の断片である死海文書は、古代のきわめて貴重な遺物と考えられている。

108

クエバ・デ・ロス・タヨス

**古代文明が築いたと推測され、人類の起源が記された、
謎の洞窟**

エクアドル

南緯 4° 18' 27"
西経 78° 40' 53"

アマゾンの熱帯雨林の奥深く、アンデス山脈の山腹に掘られた広い洞窟。岩に開いた、とても自然にできたとは思えないほど整然とした正方形の不思議な穴。このような入り口は意図的に作られたに違いない。おそらくは大昔に失われた文明によって。少なくともそれが、1976年の遠征隊がはるばるエクアドルまで来て真偽を確かめようとした仮説だった。ほんの数年前に月面を歩いた名高い宇宙飛行士ニール・アームストロングを名誉隊長に押し頂いた遠征隊は、問題の洞窟へと慎重に足を踏み入れた。なんとしても、世界じゅうの人々の興味をかきたてた謎を解きたい。

彼らが祖国から何千キロも離れたこの地へ来た理由をたどると、ひとりの男性に行き当たる。エーリッヒ・フォン・デニケンである。宇宙から来た地球外生命体の存在を前提とした著作『未来の記憶』がベストセラーになったあと、このスイス人作家は文字どおり超常世界に入り込んでいく。次の本『神々の黄金』（未邦訳）は、ハンガリー系アルゼンチン人洞窟探検家ヤーノシュ・フアン・モーリッツによる1965年のエクアドル南東部、ペルーとの国境近くのクエバ・デ・ロス・タヨス（「アブラヨタカの洞窟」）への旅の物語を記していた。モーリッツは洞窟内部で驚くべき作品の数々を発見した、とデニケンは書いた。その中には、人類の起源を語る記号や言葉が刻み込まれた大きな金属板をおさめたセンセーショナルな図書室もあった。デニケンも、のちにそれらの作品を自分の目で見たという。

この本は1972年に出版され、大ヒット作となった。荒野の地下にある宝物の詰まった不思議な洞窟についてもっと知りたいという願望に、人々は夢中になった。いわば現代の黄金郷の

モーリッツ・アーチを訪れて平行の岩の層を見た多くの人々は、この洞窟は間違いなく人間が作ったものだと確信した。

探求である。まともな科学的探検隊を組織するのに必要な人員、装備、そしてもちろん資金を集めようと、探検家や冒険家たちは争奪戦を繰り広げた。最終的に全力を傾けてこのアイデアを実現させたのは、スコットランドの土木技師スタン・ホールだった。洞窟内部の驚異的な品々を作ったと思われる未知の古代文明についてもっと多くを知るため、彼はイギリス人とエクアドル人100人以上から成るグループを結成した。そこには、エディンバラ大学や大英博物館などイギリスの一流の機関に属する科学者や、政府・軍関係者も含まれていた。NASAのアポロ11号による新時代を象徴する画期的な月面着陸から7年しか経っていないことを考えると、探検隊を未知の世界へ導いてもらうために、月面に立った初めての人間ニール・アームストロングを名誉隊長にスカウトしたのは、ホールの大きな手柄だった。

　1976年7月、首都キトを出発した数日後、探検隊は問題の洞窟に到着した。まず地下60メートル（200フィート）まで垂直に下りたあと、大聖堂のように天井の高い広い通路を通っていく。鍾乳石や石筍で飾られたひと続きの狭い通路を進み、現在モーリッツ・アーチと呼ばれる有名な四角い入り口にたどり着いた。ここからさらに先へ進んだ彼らは、浸水した空洞を

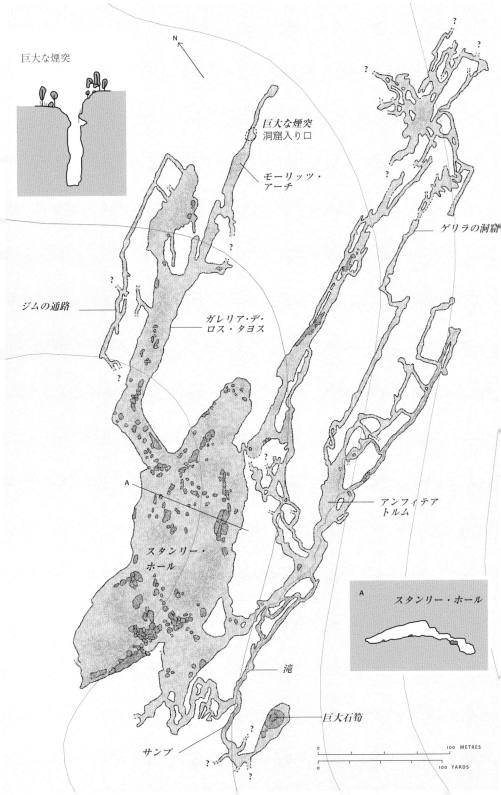

巨大な煙突

N

巨大な煙突
洞窟入り口

モーリッツ・
アーチ

ゲリラの洞窟

ジムの通路

ガレリア・デ・
ロス・タヨス

A

アンフィテア
トルム

スタンリー・
ホール

A　スタンリー・ホール

滝

巨大石筍

サンプ

100 METRES

100 YARDS

目にし、ヘビのニジボアや毒グモのタランチュラ、この洞窟の名前の由来となった夜行性の鳥タヨス（アブラヨタカ）といった野生動物に遭遇した。

　しかし、金属板、人類の歴史を記した文書、過去の文明が残した宝物の証拠などは、何ひとつ見つからなかった。デニケンは納得せず、きっと探検隊は間違っていたのだという苦情の手紙をアームストロングに送った。うっかり別の場所を探索したのではないか？　けれど高名な宇宙飛行士は取り合わず、探検は正式に終了となった。

　インターネットには（その他のマイナーな議論の場でも）今でも、クエバ・デ・ロス・タヨスは人間が作ったことを示す反駁できない証拠があるという主張が多く見られる。だが今のところ科学界は、それを裏づける根拠を見つけられていない。真実は、少々期待外れかもしれない。この洞窟には歴史上どこかの時点で先住民シュアール族の人々が暮らしていたのだと思われる。ここが彼らにとって、伝統的な儀式を行うのに用いられる重要で神聖な地なのは確かである。しかし入り口の形などは、単に地下の地質の産物にすぎない。砂岩は不思議なほど平らでなめらかな、あたかも人が作ったかのような岩を形成することがあるのだ。

　スタン・ホールの娘アイリーンとイギリスに拠点を置くオープン・クローズという芸術家集団が2018年に組織した新たな探検隊が、この不思議な地下空間をもっとよく調べられるよう、写真、音声記録、ビデオ、3Dマッピングといった形で洞窟をさまざまに記録した。モーリッツやデニケンの主張を検討することに関心のある者もいたが、エクアドルで最大と思われる洞窟の保護を促進して可能ならばユネスコ世界遺産にすることが、さらなる探検の動機としては充分だという者もいただろう。

感動的な光の滝が、タヨスの訪問者が深い洞窟の内部を調べるために下りたであろう垂直な立坑の底を照らす。

近代

近代ロンドン地下鉄

近代の建築工事が露わにした巨大ペストピット

道具を手にした考古学者たちは、発掘している壊れやすい品々を傷つけないよう注意して、そっと土をかき分けている。ロンドン東部ファーリンドン地区の新たな地下鉄建設現場の一部である直径5.5メートル（18フィート）の縦穴での作業中、道路からほんの数メートル下で、見たことのあるものを発見したばかりだ。慎重に、さらに土をどけていく。間違いない。骸骨だ。彼らは掘り続ける。またしても骸骨。もうひとつ。もっともっとたくさん。

多くの大都会には、ピカピカの新しい道路や近代的な建物の下に埋もれた暗くミステリアスな過去がある。だが、ロンドンほどそれが顕著なところは少ない。ここでは、8,000年の歴史のオーラが今なお空中に漂っている。そのオーラは、戦争中の不発弾や、古ぼけた下水道で21世紀のロンドンから廃棄物を搾り取ろうとしている巨大な「脂肪塊^{ファットバーグ}」（台所やトイレから下水に流された脂肪や汚物が固まったもので、氷山（アイスバーグ）になぞらえてこう呼ばれる）を報じる見出しによって伝えられる。

現在は世界各地で都市の地下を掘って公共交通機関を作っているが、その発祥はここロンドンである。1863年1月のビショップス・ロード（現在のパディントン）—ファーリンドン・ストリート間の地下鉄建設が、かの世界的に名高い「ロンドン地下鉄」の第1歩だった。赤い円を青い線が貫くあの象徴的なロゴ、ハリー・ベック考案の名高いすっきりとした路線図、単調な「隙間にご注意ください^{マインド・ザ・ギャップ}」という決まり文句とともに、ロンドン地下鉄は全長400キロメートル（250マイル）にもなる11の路線、270の稼働中の駅を生み出し、今では1日当たり500万人、年間13億5,000万人分の輸送能力を有している。

ロンドンっ子たちの間では、ある噂が流れ続けている。近年建設された妙にカーブする地下鉄路線は共同墓地を避けて作ら

イギリス

北緯 51° 31' 14"
東経 0° 5' 58"

れた、という噂だ。おそらく真実ではないだろうが、ロンドンに新しく加わった大量輸送交通機関クロスレールの企画者にとっては考慮すべきことかもしれない。ファーリンドンにはいわゆる「所有者不明」の共同墓地があるという言い伝えに、歴史家は何百年も前から注目していた。そこは、悪名高い黒死病——1348年にイギリスに上陸して人口の3分の1ないし半分の命を奪った伝染病のペスト——の犠牲者の多くが千人単位で無雑作に埋められた場所「ペストピット」だと言われている。だが、なぜかこれまで発見されずにいたのだ。

しかし2013年3月にきちんと2列に並べられた人骨25体がファーリンドンのクロスレール建設地から発掘されたことで、例の気味悪い永眠の地がついに見つかったと考えられた。法医学者の鑑定により、仮説は正しいことが立証された。彼らはペスト菌、*Yersinia petis* によって命を落としていた。発掘にかかわった人々にとって幸運なことに、600年以上経っているためこの細菌も死滅して土に還っていた。

だが、事件はこの1度だけではなかった。2年後、1キロほどしか離れていない、ハマースミス＆シティー線のほんの1駅先で掘削中の、リバプール・ストリート駅の地下トンネル2本で、さらに多くの人骨が発見されたのだ。今回は数千体という規模で。老人、若者、金持ち、貧乏人、男性、女性、首都全土

ロンドンの地下の大規模建設には、中世の隠された埋葬地が見つかるという危険が常につきまとう。

ハリンゲイ

ウォルサムスト
ウ湿地

ウォンステッド

N

レイトン

ストーク・ニュー
イントン

レイトンストーン

ウォンステッ
ド・フラッツ

ホマートン

フォレストゲート

ダルストン

クイーン・
エリザベ
ス・オリン
ピック・パ
ーク

ストラドフォード

ヴィクトリア・
パーク

ウェストハム

イズリントン

ハックニー

ファーリンドン

ボウ

カニング・タ
ウン

トポール
堂

ホワイトチャペル

ポプラー

ロンドン
ブリッジ

ワッピング

ロイヤル・ドックス

タワーブ
リッジ

カナリー埠
頭

グリニッジ
半島

ロザーハイズ

アイル・オブ・
ドッグズ

エレファント・
アンド・キャ
ッスル

バーモンドジー

テムズ川

グリニッジ

ケニントン

デトフォード

グリニッ
ジ・パ
ーク

ペッカム

	ベーカールー線		ジュビリー線		地下線路
	セントラル線		ノーザン線	+++++	地上線路
	サークル線		ピカデリー線		
	ディストリクト線		ヴィクトリア線		ペストピット
	ハマースミス＆シテ ィー線		ウォータール ー ＆ シ テ ィー線		他の考古学的遺跡
	メトロポリタン線		エリザベス線		

から人々が集められたようだった。

　結局、ここからは3,000体の人骨が掘り出された。ここは旧ベドラム墓地だと考えられている。精神病患者を集めた近くのベツレヘム病院（「ベドラム」の名はこの病院に由来する）の入院患者の埋葬地だ。文書記録によれば、この時代、少なくとも2万人がこの墓地に埋葬されたという。彼らは皆、社会から疎外された立場によって、あるいはちゃんとしたキリスト教式の埋葬を行ってもらうための金が払えないというという事情によって、ここに葬られた。中には暴力の犠牲になった者もいれば、処刑された者もいる。だが大多数は、首都じゅうを荒らし回った病気と死の恐ろしい波、10万人以上のロンドン市民の命を奪った1665年の「大疫病」によって死んでいた。今回も犯人は *Yersinia petis* である。これらの人骨は一緒に見つかった陶器、ガラス、棺の取っ手といった遺物から17世紀のものと判明しており、彼らの死がこの細菌の仕業なのは間違いなかった。

　最終的に、クロスレール建設の7年間で線路沿いの40地点から合計1万個以上の遺物が発掘された。工事が進む中で、イギリス最大の考古学発掘事業と（おそらく意図せずして）なったものに200人の考古学者が7年にわたって携わった。掘り出されたものは先史時代の火打石からローマ時代の馬蹄、中世の動物の骨からチューダー朝時代のボウリングの球まで多岐にわたり、イギリスの歴史を紐解く手がかりになっている。地層の下に押し込められた人間たちの品々が、21世紀になって再び現れ、分析されているのだ。

　クロスレールの真新しいプラットフォームが稼働しはじめ、この大都会ロンドンの新時代の夜明けを触れ回っているとはいえ、当局は悦に入ってはいられない。時の試練に耐えられなかった駅は、ロンドンじゅうに数多くある。鉄道網上には廃止された駅が49あるとされ（全部が地下というわけではない）、にぎやかな足音や通り過ぎる列車の轟音は、今は遠い記憶となっている。キング・ウィリアム・ストリート駅やヨーク・ロード駅のように廃墟になったものもあるが、廃止後別の用途に転用

されたものもある。

　ダウン・ストリート駅はその1例だ。チャーチルの有名な戦時内閣執務室（現在は「秘密のロンドン」ツアーの行き先のひとつ）が建設される前に、第2次世界大戦の一時的な地下壕として用いられた。旧オルドウィッチ駅は、今は映画のロケ地として人気がある。華やかな百貨店ハロッズのそばにあるブロンプトン・ロード駅はかつて国防省の重要施設だったが、2014年に5,300万ポンドで開発業者に売却され、業者はそこを高級マンションにしようとしているらしい。クラパム・ノース近くの使われなくなったトンネルには水耕栽培農場ができていて、キバナスズシロ、ブロッコリー、ニンニク、チャイブ、カラシナ、食用花が、2.5ヘクタールの旧防空壕の中で栽培されている。

　ロンドンでは、過去を過去のままにしておくのは非常に難しい。眠りを妨げられた何千もの骸骨がよく知っているように。

今日でも、鉄道網上には数多くの廃駅がある。かつてピカデリー線で使われていたダウン・ストリート駅などのように第2の人生を始めた駅もあれば、眠りについたままの駅もある。

トンネル57

ベルリンの壁の下のトンネルをくぐって
集団逃亡が行われた場所

1964年10月、土曜日の夜、東ベルリン。若者の小グループが緊張して、しかし決然と道を歩いていく。この地域を巡回する国境警備隊員の注意を引かないよう、激しく打つ心臓の音を無視して、目立たないように進む。きょろきょろと左右に目をやり、家の数をカウントダウンする。目的地の55番地に到達すると、見つからないよう急いで中に入る。内部で待つ人々に「トーキョー」と小声で言う。相手がうなずく。靴を脱いだ彼らは導かれて廊下を通り、外の庭に出る。すぐにグループの先頭が腹這いになり、狭くて恐ろしげなトンネルを覗き込む。自分たちを自由へと導いてくれるトンネルだ。

1960年代初頭、ヨアヒム・ノイマンは東ベルリンの学生だった。彼はスイス国民のふりをして、ドイツ連邦共和国（西ドイツ）の一部である自由な西ベルリンへと単独で逃亡した。だが残してきた家族や友人に危険が差し迫ったため、仲間とともに大胆な計画を立てた。それより3年前に首都の中央に建設された高さ4メートル（12フィート）近く、全長155キロメートル（100マイル）の障壁、悪名高いベルリンの壁の下にトンネルを掘って、さらに多くの人々を逃がすのだ。

1964年春、計画は始動した。ノイマンら共謀者たちは壁の近くにある廃業したパン屋の地下を起点とし、小さな園芸用スコップと土を運び出すための手作りの荷車だけを使って、土を掘り進めた。

泥、暗闇。汗と恐怖のにおい。崩壊の恐怖、即死するか、あるいは膨大な土に埋もれてゆっくりと窒息死するか。大きな音をたて過ぎて、耳を澄ました警備隊員に聞かれ、逮捕されて処刑されるという恐怖もある。12時間で交替となり、別の組が

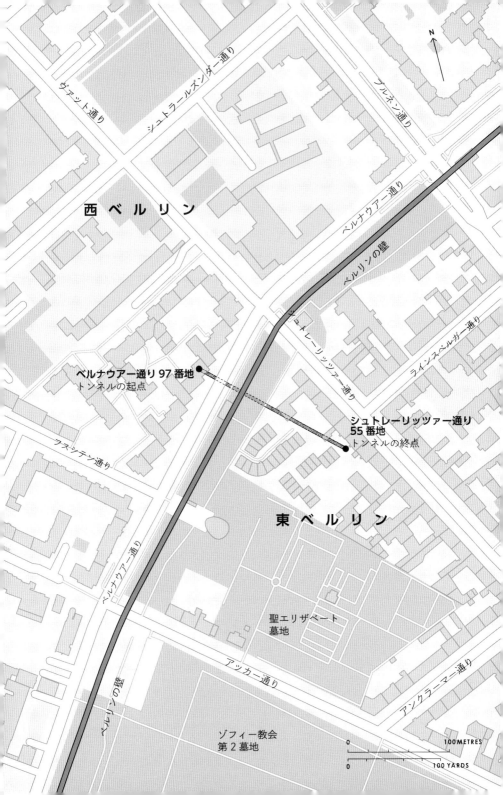

西ベルリン

ヴァット通り

シュトラールズンダー通り

プレーン通り

ベルナウアー通り

ベルリンの壁

シュトレーリッツァー通り

ラインスベルガー通り

ベルナウアー通り97番地
トンネルの起点

シュトレーリッツァー通り
55番地
トンネルの終点

フラッテン通り

ベルナウアー通り

東ベルリン

聖エリザベート
墓地

ベルリンの壁

アッカー通り

アンクラーマー通り

ゾフィー教会
第2墓地

0   100 METRES
0   100 YARDS

引き継ぐ。来る日も来る日も、来る夜も来る夜も、交替しながら可能な限り先に進む。人々が毎日ひっきりなしに出入りして疑いを招くのを防ぐため、全員が数週間現場に泊まり込んだ。真下に掘り進んで地下水面まで行き着くと、次は横向きに掘りはじめた。鋼鉄の釘や投光照明を備えた「デス・ストリップ」と呼ばれる恐ろしい罠の下を、彼らはゆっくり進んでいった。

　ついに５カ月後、光明が見えた。秘密裏に地下を掘るため真っ暗な中で作業するという困難の末に、幸運にも、あるアパー

ベルリンの壁は
28年間、東と西
を分けていた。1
度の試みで東ベル
リンから地下経由
で最も多くの人々
を逃がしたのが
「トンネル57」だ
った。

トメントの裏にある使われていない離れに出たのだ。トンネル
は独裁国ドイツ民主共和国（東ドイツ）が厳しく統制する首都、
東ベルリンまで貫通していた。

　話はすぐに広まった。ふた晩にわたって、シュトレーリッツ
ァー通り55番地は何げない様子で訪れた客を迎えた。彼らは
皆、西ベルリンで新たな生活を手に入れるため、この地下トン
ネルを通って逃亡した。幅はたった80センチメートル（32イ
ンチ）、高さはそれよりも低いトンネルをくぐるには、ゆっく
り匍匐前進せねばならない。140メートル（460フィート）進
むと、やっと廃業したパン屋という安全地帯に到達した。彼ら
は壁を越えて、ようやく自由の身となったのだ。

　ところが2日目の夜遅く、ノイマンが恋人（偶然にも刑務所
から釈放されたばかりだった）にトンネルをくぐらせた直後、
国境警備隊員はついに、この建物に入った人々がどこへ行こう
としているのかを確かめることにした。すぐに現状を悟った彼
らは警報を鳴らした。逃亡者たちは遁走し、銃声が響き、ひと
りの警備隊員が死に、計画は完全に中止された。合計57人の
東ベルリン人がふた晩のうちに脱出したため、ここは「トンネ
ル57」と呼ばれるようになった。

　ベルリンの壁がようやく1989年11月に崩壊したのはよく知
られている。壁が存在した30年近くの期間に、多くの逃亡の
試みがなされた。トンネル57はその最初でもなく、また最後
でもなかった。成功したのは「トンネル29」（アメリカNBC
テレビは実際の逃亡を撮影した）など数例あるが、1度の試み
で最も多くの人数を逃亡させたのはノイマンの計画だった。そ
れによって逃げた人々は、ベルリンの壁の地下から逃げた300
人近くの中でかなりの割合を占めている。

バーリントン

核攻撃の際にイギリス政府を避難させるための
秘密の地下シェルター

イギリス

北緯 51° 25' 11"
西経 2° 13' 14"

バーリントンは核攻撃後もイギリス政府が最低限の責務を果たせるように作られた。

　冷戦初期の 1961 年 9 月 13 日、イギリス首相ハロルド・マクミランは不吉なメモを受け取った。核攻撃を受けた際には、閣僚たちは国内のさまざまな場所に連れていかれる。そうすれば、少なくとも何人かの大臣は生き残って国を統治する（あるいは相互確証破壊〈一方が核兵器を用いたら他方も核兵器を用い、互いに相手を完全に破壊すること〉の戦略を選ぶならば反撃する）ことができるのだ。したがって、万一そのような緊急事態がこの国を襲った場合、マクミランは必要とあらば「赤いボタン」を押す覚悟のある外務大臣、国防大臣、その他多くの高官ともにロンドンにとどまるが、財務大臣、海軍本部長、陸軍大臣など、同じくらい重要な政府高官はすぐにロンドンを出て、イギリス南西部ウィルトシャーの辺鄙な土地にある目立たない場所に連れていかれる。

　ゴルフコース。牧場。緩やかに曲がりくねった道。見た限りでは、ウィルトシャーのこの地域はイギリスのほかの田舎となんら変わりがない。緑豊かな平凡な地だ。しかし、道路標識には何も書かれていないが、地下には数十年間存在が秘されていたトップシークレットの施設が存在する。「公務機密法の規制により立入禁止」看板はそう警告する。「許可なく立ち入った者は逮捕、訴追される場合がある」。地下には、奇妙で反平和的な施設がある。分厚い強化コンクリートの壁と防爆扉で防備して通気孔を備えた地下シェルターだ。

　ここは「ストックウェル」や「ターンスタイル」と呼ばれたこともあるが、歴史に残っているコードネームは「バーリントン」である。この施設は 1950 年代後半、冷戦が急に激化したとき主に大臣や公務員の 4,000 人以上が避難できるよう、コーシャムの町の近く、バースの古い採石場の跡地を転用して、地下 36 メートル（120 フィート）に建設された。採石場は 1940

元の採石場で使
われていた石柱

PL1
乗用エレベーター

2
空軍作戦中枢
部・商務省

8
中央電話交換

3
寝室

1
電話交換所

4
寝室

5
寝室

6
食堂

24
貯油庫

18
海軍省

7
製パン所

発電所

19
機械室

20
貯蔵室・
作業室

17
空軍省

非常口

GL1
物品用エレベーター

鍵

診療所

PL2
乗用エレベーター

N

9
貯蔵室

10
交通省

23
機械室

貯水池

15
事務所・
軍司令部

13
電力農業省

11
機械室

12
厨房

14
戦時閣議室

16
保健省

ML1
機械用エレ
ベーター

22
事務所・
英連邦省

21
国防省通信センター

地図室

首相執務室

BBC スタジオ

0   100 METRES

0   100 YARDS

年に閉鎖され、第2次世界大戦後半には地下の航空機工場の建設地とする準備が整えられたが、計画は中止されていた。

この戦時司令部となりうる施設は、採石場時代から残されたコンクリートブロックや石柱が散見されるものの、ウェストミンスターの政府施設を模してデザインされている。きわめて実用的な建物で、地図室、指令室、食堂、診療所、歯科、洗濯室、飲用水貯水池、自家発電に用いる大型発電機4台など、必要不可欠と思われるものだけが置かれている。国内で2番目に大規模な電話交換所が設置されていて、大臣たちは外界と連絡を取ることができる。設備の整ったBBCのテレビスタジオもあり、政府高官は希望的なメッセージを届けて、当座しのぎの要塞の下で怯えながら残存放射能の影響と戦っているであろう傷だらけの国民を励ますことができただろう。

現代史の研究者なら、核戦争が起こらなかったことは知っているだろう。1989年、高額の維持費（推計4,000万ポンド）を理由に、施設の閉鎖が決定された。イギリスの歴史的建造物保護を担う公的機関、ヒストリック・イングランドは、バーリントンを「我が国の冷戦時代の国防遺産の比類なき実例」と表現している。

マクミランの机に置かれたメモに名前が載せられた人物の多くは、このような場所が存在したことも、ましてや自分たちが長期間暮らすためにここへ連れてこられる計画があったことも知らないまま、その役職を離れたと思われる。21世紀初頭についにこの施設の機密扱いが解かれると、観光客は食料、水、トイレットペーパーといった生活必需品3カ月分の多くが荷ほどきされないまま置かれているのを目にした。椅子、コルクボード、電信印刷機などの1960年代のテクノロジーが、いまだに並べられていた。包みを解かれることなく、汚れ、ひどく朽ち果てて——幸いにも訪れなかった「核の冬」を待っているのである。

建設から60年、施設の大部分では時間が止まったままになっている。

クーバーペディ

住民が過酷な気候の中でも生きていけるよう、まるごと地下に作られた都市

オーストラリア

南緯 29° 0' 50"
東経 134° 35' 16"

　100年以上前、焼けるように暑い夏の日、14歳の少年が人のいそうにないオーストラリアの砂漠の赤い砂埃の中を歩いているとき、岩屑の間にきらりと光る岩を見つけた。少年ウィリー・ハッチソンは以前父親とともに金鉱を探してラクダでここを通ったことがあったが、この岩は金ではない。それでも、虹色のきらめきは少年の注意を引いた。彼の観察眼は鋭かった。若きハッチソンは偶然オパールを発見したのだ。南オーストラリア州中央部という辺鄙な地を180度変えてしまうことになる、貴重な鉱物である。

　この発見の噂が広がると、野心的な鉱夫たちが、沿岸の州都アデレードから内陸まで850キロメートル（528マイル）を旅して人里離れた地に押し寄せた。人々が殺到した結果、5年後にはクーパーペディ（地元のアボリジニの言葉「クパ・ピティ」——「白人の穴」の転訛）という機能的な居住地ができていた。1930年代の不況のため採掘事業は中止の危機に見舞われたものの、1940年代半ばに新たにオパールが発見されたことで、オパール熱は再燃した。

　1960年代になると、クーバーペディは正式な町として認定され、その結果地方議会ができ、忘れられない名声を得た。「オパールの都」だ。世界のオパール産出量のなんと70パーセント（近接するいくつかのさらに小さな町からの産出量も加えると85パーセント）がここから発掘されている。これは、1億5,000万年前にこの地を浸水させた海水のおかげである。ようやく海水が引くと、地面の小さな割れ目や亀裂に含水ケイ酸が残され、それが時間とともに固まって、今我々の目に見える貴重な石になったのだ。

N

一般的なクーバーペディの家

0　　　　2 METRES

地下モーテル

地下教会

病院

旧採掘場と博物館

地下ホテル

カトリック教会

貯水池

学校

クーバーペディ

オパール
採掘場

スチュアート・ハイウェイ

ブートヒル
墓地

トムのオパ
ール採掘場

レノン・
オパール採掘場

ブラック・フ
ラッグ・オパ
ール採掘場

0　　　　500 METRES

0　　　　500 YARDS

クーパーペディ周辺の土地
は穴だらけだが、これらは
すべて小さなオパール採掘
場である。

　クーバーペディの町での生活には、ひとつ問題があった。夏に町を襲う異常な高温だ。それは3、4カ月の間水銀柱を摂氏50度（華氏122度）以上、時には摂氏60度（華氏140度）にまで押し上げる。このような過酷な条件下では熱疲労を起こしやすく、熱中症に陥ることも珍しくない。

　クーバーペディの住民は優れた解決策を考えついた。地下に向かうのだ。発掘するときだけでなく、生活する間じゅう。初期のオパール探鉱者の多くは、第1次世界大戦時にフランスやトルコで塹壕を掘って戦ったオーストラリアの退役軍人だったので、地下壕作りには経験があった。何千人もが地下に入って、砂岩内部のドーム型の洞窟に家や教会など必要な施設を作った。地上にいるという錯覚を持たせるため、まがいものの窓を作ることすらあった。地表からは大きなアリ塚、あるいは一斉射撃のあとの巨大な弾痕にも似た穴が点在するようにしか見えないが、その下では完全な形の町が建設されていたのである。

　3,000人が生活する現在の地下都市クーバーペディには、この風変わりな場所に魅せられて訪れる観光客が増え続けており、ホテル、アパートメント、B&B、キャンプ場までできている。観光客を満足させるための博物館、カジノ、パブ、土産物屋もある。空調設備という現代の贅沢な設備によって夏の最悪の熱波もより快適に耐えられるようになったため、地上の建造物が多く（そして芝生のないゴルフコースも）作られているが、人口の少なくとも半分は——その多くは先祖代々の仕事を引き継ぎ、かすかな虹色に輝くオパールを求めて採掘場に通っている——伝統的な地下の生活を続け、深さ最大15メートル（50フィート）のところで暮らしている。5部屋から成る地下の家を作るための掘進機は2万5,000オーストラリアドルほどしかからないので、労働者にも家は建てられる。しかも、隣接する家を買って地下「マンション」にしている家族も多い。夏は涼しく最も冷たい冬の夜は暖かくいられるトンネルで、比較的贅沢な暮らしを送っているのだ。

　こうしたことを考えると、何十年もの間想像を絶する暑さに対処してきたクーバーペディの住民は構造的に、今後1世紀に

わたって頻度を増してこの大陸を襲うと予想される極端な高温への備えが大部分のオーストラリア人よりもよくできていると言えるだろう。とはいえ、このような危険な場所での生活は決して容易ではない。近年、アーカーリンガ盆地（クーバーペディの東）での石油とガスの採掘が地域の帯水層であるグレートアーテジアン盆地を汚染しており、そのためクーバーペディの飲料水供給を脅かすかもしれない、と危惧されている。地球から天然資源を搾り尽くそうという人類の欲望は、クーバーペディの誕生をもたらしたかもしれないが、その死をもたらす可能性もある。

家からホテルから礼拝所まで、あらゆる施設が地下に建設されている。

クチトンネル

ベトナム戦争で主要な役割を演じた、不規則に広がる手掘りのトンネル網

ベトナム

北緯 11° 4' 19"
東経 106° 29' 46"

　レ・ヴァン・ランとその家族は必死で走った。彼が北ベトナムの軍事訓練キャンプから戻ったあと短期間実家の村に戻っていたとき、近づいてくる戦車の恐ろしい轟音が聞こえてきたのだ。アメリカ軍が掃討作戦のためにやってきた。家族は逃げた。家族にとって幸いなことに、レ・ヴァン・ランは家族が自由に使える土地を知っていた。彼が前もって近くに作っていた隠れ場所だ。家族が敵から身を守るため逃げ込める、秘密の地下壕。川の対岸から集中砲火を浴びながらも、レ・ヴァン・ランと急いで集められた戦隊はこの地下の隠れ場所からライフルや手榴弾で反撃し、なんとか逃げることができた。結局、地下壕が彼らの命を救ったのだ。

　この種の話は爆撃で破壊された南ベトナムの荒れ地においてなんらかの形で何千回も繰り広げられており、ベトナム戦争の結果を左右する最も決定的な要因だったかもしれない。1955年から1975年まで続いた戦争中、当時のサイゴン（現代のホーチミン市）から20キロメートル（12マイル）北にあるクチ地区は、どんな場所も経験したことのないほど空前絶後の激しい攻撃のターゲットになった。双方にとって勝利を得るため戦略的に重要な場所だったので、この地区は想像を絶する恐怖にさらされた。森林に覆われた険しい土地は昼夜を問わず容赦なく攻撃され、ありとあらゆる方法で残虐な無差別殺戮が行われた。アメリカ軍パイロットはこの地区に好きなだけナパーム弾を落として弾薬を空にすることを許された（奨励されもした）。未使用の弾薬を持って基地まで戻るよりも、破壊されたクチにさらに武力を見せつけるほうがよかったのだ。

　このような激しい爆撃を受け、クチにいるベトコンの抵抗勢

力も戦争に巻き込まれた村の民間人も、当然考えられる対処を行った。地下に逃げたのである。好都合だったのは、20年以上前にフランスから独立するための激しい戦争中に作られた小さな手掘りのトンネル網が既に存在していたことだ。北ベトナムの共産主義勢力（と南にいる彼らの仲間）を叩きつぶそうとするアメリカの強大な野望が明らかになるにつれて、こうしたトンネルは再びきわめて重要な生活基盤となっていった。

1960年代を通じて、トンネル網は急速に規模を拡大し、ゲリラ戦士がジャングルでの難しい戦いを進めるための大きな利点となった。クチの地下には最大で数百キロメートルに及ぶトンネルが縦横に走り、それはサイゴンから120キロメートル（75マイル）先のカンボジアとの国境にまで達していた。アメリカ軍は最盛期には50万の兵力を注ぎ込んだが、こうした秘密の通路についての知識が欠けていたため常に劣勢に立たされていた。

トンネルは複雑をきわめ、優れたカムフラージュになっていた。幅はたったの1メートル（約3フィート）、高さは1.5メートル（5フィート）と狭いおかげで、地上から検知されることなく走り回れる。小さくてほとんど目に見えない落とし戸は木の葉、土、草で簡単に隠すことができ、あらかじめその存在を知らない限り入り口を見つけるのも、ましてや入るのも不可能だ。しかも、竹竿による補強といった驚くほど頑強な工事によって非常に丈夫に作られており、上空を通過する爆撃機から直接攻撃を受けたときでも、避難しているゲリラ戦士の命を守ることができた。

暑く、暗く、酸素は少なく、ヘビが頻繁に現れはしたものの、比較的安全だったため、トンネルは単なる戦士の隠れ場所にとどまらず村全体にとっての危険のない避難場所でもあった。ベトナム戦争期間中2万人以上がこの迷宮に隠れ、病院や工場や厩舎も稼働していた。この地区へのアメリカ軍主導の波状攻撃の間も、住民は安全でいられた。

アメリカのウィリアム・ウェストモーランド将軍がトンネルの住人を「人間モグラ」と呼んだことはよく知られている。こ

N

ベン・シュック
基地

ベンカト

フーミー
フン

アンフー

フーアン

アンノンタイ

サイゴン川

チュンラー
プドゥオン

フィルホル
基地

フーホアドン

チュンラー
プハ

ヌアンドゥック

ク　チ

主要なベトコン軍基
地

小規模な基地

野戦病院

0　　　　　　　　　　3 KILOMETRES

0　　　　　　　　　　2 MILES

うした屈強な人々に対抗して、アメリカ軍は空に加えて地下世界をも制圧するためいわゆる「トンネル・ネズミ」のチームを養成した。特別に訓練されたこれら兵士の任務は、罠だらけのトンネルを見つけて探索し、使えなくすることだった。ところが彼らは、その困難な課題の克服に近づくことすらできなかった。ベトコンがこうした頑丈でしっかりした基地から攻撃を行えたため、いかに強力なアメリカ軍でも、南ベトナムを掌握することも、ましてや北の敵を打ち負かすこともできなかった。この粘り強さのおかげで、ベトコンはアメリカがついに撤退を

クチの地下に掘られた大規模なトンネルの迷宮の存在をほのめかすのは、簡単に隠せる小さな入り口だけだ。

決めるのを待つだけでよかった。そして1975年の有名な「サイゴン陥落」によって、北は南を手中におさめたのだ。

　戦争中、4万5,000人ほどのベトナム人がトンネルを守って死んだと推測される。現在トンネルの大半は破壊されているが、残ったものは人気の観光地になっている。そこには射撃場があり、爆撃映像が映され、土産物屋がある。さらに、それほど痩せていない観光客が通れるようにするため、特別に広げられたトンネルもある。

　悲しいことだが、これはベトナム戦争で唯一の遺産ではない。20年にわたるベトナムでの戦いの間に地雷や罠（さらに不発の爆撃弾や手榴弾）が広範囲に埋められたため、何も知らない農夫や田舎の住民が残虐な武器によって傷ついたり死んだりしており、戦後10万人以上の被害者が記録されている。ベトナムでは、多くの旧交戦地帯に見られるように、地下空間には昔の記憶が残っているのだ。

キャンプ・センチュリー

気候変動によって明かされる、アメリカ軍が放棄したキャンプ・センチュリーの秘密

「我々は、グリーンランドでの原子炉実験は（中略）できれば避けたい多くの問題を引き起こすとの結論に達した」

この穏やかだがきっぱりとした言葉は、デンマーク領グリーンランドに革新的な新しい科学研究基地を築くというアメリカの計画に対して、デンマーク外務省職員アクセル・セルップがしたためた 1958 年のメモに書かれている。アメリカはこの基地を氷上でなく氷床内部に作り、実験的な移動式原子炉を利用して暖房することを計画していた。1951 年の合意によって、アメリカは島を防衛する目的で軍事基地を建設する許可を得ていた（実際、既に多くの基地を作っていた）ものの、原子力発電による氷内部の科学研究施設などをデンマークはまったく想定していなかった。

セルップたち外交官がまず心配したのは、グリーンランド近辺に核物質があることへの世論の否定的な反応だった。そして第 2 の——おそらく最も差し迫った——問題は、恐ろしいライバル、モスクワのソビエト政府の態度だった。彼らは、どんな形であっても自分たちの縄張りに核物質が存在することに、攻撃的な反応を見せるかもしれない。率直に言って、基地がどこか別の場所に作られるかあるいはまったく作られないほうがよっぽどいい、とセルップは結論づけた。

ところがアメリカは計画を進め、1 年もしないうちに基地の計画は公表されてマスコミに大きく取り上げられた。デンマークとしては、最初から計画に賛成していたふりをするしかなかった。そして最初のうち、計画は良好に進んだ。革新的な建設技術によって、分厚い氷床を素早くきれいに削って地下壕を掘ることができた。やがて地下には、北極点からわずか 1,300

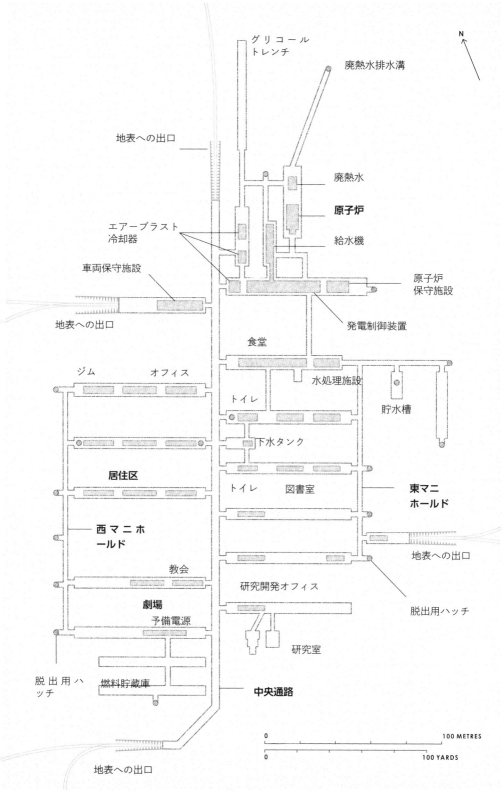

キロメートル（800マイル）の北極研究センターに配属された200人もの科学者が住めるよう、鉄道網、診療所、厨房、宿泊設備、研究施設に加えて数多くの完全なビルディングが作られた。この居住と研究のための地下空間は、ドーム型の屋根に覆われるやいなや降雪によって隠され、外界からは見えなくなった。「キャンプ・センチュリー」と名づけられた基地は、2,500平方メートル（3,000平方ヤード）もの広さを誇る、有名な「氷の下の都市」となった。10年近くの間、ここは常に野心的なアメリカにとって北極圏での足場となった。

　だが、やがて論理的な懐疑主義者が勝利を得た。最終的に、予想以上のスピードで動く氷床の莫大な力によって施設の壁や基盤構造が不安定となり、基地の存続が危ぶまれたのだ。こうした懸念から、1960年代半ばには撤収が始まった。職員は全員退去し、最低限必要な廃炉作業を行って、キャンプ・センチュリーは1967年、ついに閉鎖された。基地は廃墟となり、北極の厳しい自然条件のなすがままに放置されている。1969年にこの場所を調査するチームが派遣されたが、広い歩道は縮んで、這って進まねばならないトンネルになり、構造を支える金属のアーチは元の姿がわからないほどねじれ、変形していた。止めることのできない氷床の力が、キャンプ・センチュリーの息の根を封じていたのだ。

　このような施設の痕跡は、半世紀後にはほとんど目に見える形では残っていないだろうと予想された。50年分の降雪が鉄道や建物を永遠に埋没させているだろう。確かに、基地は現在氷の下30メートル（およそ100フィート）に埋もれている。しかし2017年以降、この施設はキャンプ・センチュリー気候監視プログラムの拠点となっている。その任務は、気温、風速、湿度、気圧といった基本的データを集めてキャンプ・センチュリーにおける氷の状態の変化を測定し、記録することだ。氷床の動きが示すように、20世紀の気候変動はキャンプ・センチュリーがある氷床の溶解を急速に促進しており、この埋没した残骸が再び表面に姿を現すのではないかという懸念が浮上している。

1950年代にグリーンランドの氷床にアメリカの研究基地を建設するのは、自然に対する人類の英知の画期的な勝利と考えられた。

　それは予想外の展開だった。クレムリンが猜疑心を抱いたのは正しかった。キャンプ・センチュリーは表向き科学研究施設だったが、実際には（おそらく予想どおり）軍事基地だったのだ。「プロジェクト・アイスワーム」と名づけられた計画において、アメリカは冷戦中この基地によって戦略的優位を得ることができた。核弾頭を配備すれば、ここは数百発の大陸間弾道ミサイルでソ連を攻撃できるミサイル発射場となるよう設計されていた。原子力発電機の核反応室は1964年に取り除かれたが、数千トンの放射性廃棄物や有害化学物質などはすべてそのまま残されている。それらは永遠に雪の下に閉じ込められるはずだった。ところが予想に反して、この地では今世紀の終わりには積

雪量よりも氷融解量が上回ると考えられている。

　こうした危険堆積物が露出する可能性が増していることは、グリーンランド当局に深刻な不安を与えている。キャンプ・センチュリーの埋蔵場所から溶けて氷河に流れ出た水は、既に施設の化学物質によって汚染されている可能性があり、ディーゼル油、放射冷却水、ポリ塩化ビフェニル（PCB）などの残留性有機汚染物質（POP）は海水に流れ込んでいる。このような汚染物質は永久に埋没しているはずだったが、その考えは近視眼的だったことが露呈した。

　困ったことに、こうした施設はキャンプ・センチュリーだけではない。ここは最も人目を引き、おそらく最も危険でもあるだろうが、ほかに4つの基地が同期間に同じように氷床に作られている。しかも、20世紀にアメリカ軍が放棄した基地はグリーンランドに30もある。その1例は元軍用飛行場のブルーイーイースト・ツーだ。そこでは現在何千もの錆びついたディーゼル油のドラム缶が置かれ、アスベスト使用の建物が並び、おそらくダイナマイトも放置されている。すべてが地下にあるわけではないが、こうした施設の多くはキャンプ・センチュリーと似た運命をたどっており、どれも同じような事態に陥っている。好ましからぬ物質を含有したままゆっくり瓦解して自然環境に溶け込んでいるのだ。シベリアの永久凍土層が溶けて炭疽菌などの危険な病原体が露出し、家畜や人間に感染して命を奪っているのと同じく、気候変動によってかつて忘れられていた危険が再び大きな脅威となっているのである。

大人工河川

生存に必要な飲料水を砂漠の地下で何百キロメートルも運ぶ巨
大パイプライン

リビア

北緯 25° 55' 19"
東経 17° 23' 17"

　1983 年。革命で旧体制が打倒され、ムアンマル・カダフィ
が国の指導者となって 14 年後、大きな危機が起こりつつあっ
た。昔からの河川の流量では拡大する農業部門とトリポリやベ
ンガジなどの都市部での増大する人口に供給するには足らず、
真水が急速に乏しくなっていたのだ。しかも、迫り来る海水は、
北アフリカに位置するリビアの地中海沿岸の、雨水であふれた
不安定な帯水層を汚染する危険があった。思いきった大がかり
な行動を取る必要がある。それは、世界最大の灌漑プロジェク
トとして実現した。

　1 万年前、最後の氷河期の終わり頃、北アフリカは緑豊かな
森林地帯だった。以後 1,000 年にわたって気候は徐々に乾燥し
ていき、穏やかな自然は世界最大の砂漠に変わり、ゆえにその
名前を得た。サハラである（アラビア語で「不毛の地」を意味
する「サハラーゥ」より）。だが地面の下では、この古代世界
の名残が地下貯水池という形でいまだ存在している。さまざま
な研究により、アフリカには推計 66 万立方キロメートルの地
下水があることが判明している。黒海の水量よりも多く、グラ
ンドキャニオン 150 個分の渓谷を満たせるだけの量である。さ
らに言えば、現在アフリカ大陸の表面で見つかっている水の量
の 100 倍以上だ。含有水量はコンゴの熱帯雨林や世界最大級の
湿地帯オカバンゴ・デルタなど明らかに水浸しになっている地
域にも劣らない——それどころか、巨大砂漠たるサハラは実の
ところ、アフリカ大陸全体の既知の貯水池の中で最も規模が大
きいものである。

　そのため、1950 年代に石油探索が始まったとき、リビア人
はその後ヌビア砂岩帯水層系と呼ばれるようになるものの一部

を発見して驚愕することになった。これは世界最大の化石水の帯水層で、隣接するチャド、エジプト、スーダンの地下にも広がっている。容積は推計15万立方キロメートル、カスピ海の容積のほぼ2倍。30年前、この帯水層はリビアの増大する水危機を解決すると考えられた。ただし問題がひとつあった。こうした巨大な貯水池を利用するには、広い砂漠を何百キロメートルも安全に水を輸送せねばならない。それは間違いなく、前代未聞の大規模な土木プロジェクトとなりそうな難題である。

　大人工河川（GMR、Great Man-Made River）と呼ばれることになった、水の問題を解決すると同時に近代国家リビアの独創性と工学技術を誇示する人工的な地下のパイプライン網を作り出すのに、政府は最も費用のかからない方法を選ぶことにした。カダフィ率いる政府は、これをよく「世界の8番目の不思議」と称した。最初の基礎工事は1984年に行われ、国の南東部をタゼルブやサリルの帯水層まで掘った深く長いトンネルが完成した。直径4メートル（13フィート）のパイプラインが砂漠の下7メートル（23フィート）に掘られた溝に敷設され、ブルドーザーで砂をかけて埋められた。

　結果は目覚ましいものだった。計画された全5期のうち第1期が1991年に開業すると、100万とまではいかなくとも数十万の人々の生活が著しく改善した。海水による浸食が最も激しいベンガジにこの化石水が届いたのを祝おうと、群衆が速い流れの水の周りに集まっている写真は壮観である。1996年に完成した第2期ではGMRは首都トリポリまで届き、今や国の全人口の70パーセントもの需要をまかなっている。いまだ建設途中ではあるが、すべてが完成すればGMRのパイプラインの全長はおよそ4,000キロメートル（2,500マイル）となり、1日当たり650万立方メートル（2億3,000万立方フィート）の水を輸送することができる。

　見ただけではわからないが、おそらくこの地下トンネル網がリビアを生き永らえさせてきたのだ。過激な暴力が噴出した2010年代にも、砂漠の下を流れるGMRは機能し続け、国の生活を支えていた。2011年にパイプラインの一部が爆破され

地　中　海

チュニジア

トリポリ

ベンガジ

北西サハラ盆地

ジャグバーブ

セブハ

リビア

サリル

ヌビア砂岩帯水層

エジプト

ムルズク盆地

タゼルブ

アルジェリア

サハラ砂漠

ニジェール

スーダン

チャド

≡ 水量豊富な井戸

— パイプライン（建設済）

－－ パイプライン（予定）

○ 貯水池

0   500 KILOMETRES

0   300 MILES

たとき、政府勢力と介入したNATO軍との間で激しい舌戦が繰り広げられ、双方は互いにこの強力な地下インフラの大切な水流を妨げて数百万の民間人の命を危険にさらしたとの非難を浴びせ合った。鋼鉄で補強したコンクリートなどGMR建設に用いた材料がどれだけ長持ちするかに関して疑問は残るものの（寿命は50年とよく言われており、有効期限は急速に迫りつつある）、この国の帯水層には莫大な量の水があるため、リビアは今後数百年、もしかすると数千年も、新鮮な水を充分享受できるに違いない。

人工河川網を完成させるには、何十億ドルもの費用をかけて全長4,000キロメートル（2,500マイル）のパイプラインを敷設せねばならない。

ゾンネンベルク

国民全員がシェルターを持つこととする国の法律を実現させる
ために作られたトンネル

スイス

北緯 47° 2' 19"
東経 8° 17' 42"

　毎日、主にドイツとイタリアの間を移動する何万人ものドラ
イバーが、スイスの都市ルツェルンに通じる長さ1キロメート
ル半（1マイル）の地味な自動車用トンネルをくぐって、ゾン
ネンベルク山の下を通る。陰鬱で殺風景なトンネルは暗く、よ
く知らない者が見れば、特になんの変哲もないように思える。
しかし通り過ぎるドライバーの中には、この優れた工学技術の
産物にまつわる詳しい物語と、このトンネルがかつて世界最大
の民間人用シェルターだったという事実を知る者が、何人かは
いるかもしれない。
　アルプスの山小屋（シャレー）、チョコレート、時計、国際的金融機関で
よく知られるスイスは、核シェルターにおいて世界の最先端を
行く国でもある。アルプス山脈を擁するこの内陸国は 1963 年、
すべての国民は核戦争の際に安全なシェルターを利用できるよ
うにしなければならないとする法律を制定した。シェルターは
家の地下に作った私的なものでも、大規模な公共の施設でもか
まわない。将来冷戦が激化して、核爆発による死の灰が国を覆
うという懸念があったからだ。その結果スイスじゅうにシェル
ターが広まり、スイスが誇るチーズさながら、地面は穴だらけ
になった。21 世紀に入った頃には全国で 30 万もの私的シェル
ターに加えて 5,000 の公共シェルターもできており、国民全体
を避難させるのに充分な数になっている。
　ゾンネンベルクの始まりは 1976 年 10 月、4,000 万スイスフ
ランという費用をかけて作った 2 本の広いトンネル道路が一般
市民に公開されたときだった。まったく普通のトンネルに見え
るが、原爆の警報が出たときにはただちに最大 2 万人（地上の
ルツェルン住民のおよそ 4 分の 1 とスタッフ 700 人）が寝られ

る２段ベッドを備えた安全なシェルターに転用できる。中央にはこの巨大施設を運営する７階から成る中枢部があり、その中には診療施設、ラジオ放送スタジオ、小規模な刑務所もあった。こうしたものはすべて高くついた。緊急事態のシナリオが実現したときのために薬を備蓄して手術施設を備えておくといった維持費だけでも、診療所には年間25万フランという途方もない金額を要した。

ゾンネンベルクが第２の目的で使用されたことはない。それは多くの意味で幸いだった。まず、何千台もの２段ベッドの組み立てなど、この施設が使えるようにする準備には２週間かかるとの予測が、市民は緊急時に生き残るためシェルターに頼れるという考えに冷や水を浴びせた（核攻撃がそれほど長い予告期間を与えてくれるとは思えない）。しかも、仮に施設の準備が間に合ったとしても、１枚当たりの厚さが1.5メートルで総計35万キログラムにもなるコンクリート製の防爆扉では、核攻撃から内部の人間を適切に守ることができないだろうと言われている。たとえ扉が機能しても、施設が満員になったら、簡易トイレや使えるシャワーの数は足りなくなることが予想された。また、当局がそれだけ多くの人々にきちんと食事を与えることは不可能だと思われるため、市民は半狂乱になりながらも２週間分の食料を自ら携帯してくることが求められる。２週間後には水の蓄えも尽きることが予想されるので、人々は地表に送り返され、彼らを待ち受ける恐怖と直面することになる。

ルツェルンの住民にとって――そして世界じゅうの人々にとって――幸運にも、その後の年月で核戦争の危険は徐々に薄れていった。シェルターを義務づける法律はまだ廃止されていないが、シェルターが必要となるであろう脅威は、今では核戦争よりも自然災害や恐ろしい伝染病の世界的流行である可能性のほうが高い。2006年に収容人数わずか2,000人に縮小されたゾンネンベルクは、現在では単なる大げさなトンネルと言っていいだろう。しかし、スイスじゅうにあるほかのシェルターの中には、もっと興味深いポスト核時代の運命をたどったものも数多い。

ルツェルン

北口

ロイス川

シュプロイアー橋

チャペル橋

地下水栓

連結トンネル

通用口

通気孔

空気取入口

ゾンネンベルク山

南口

中央シェルター

救急診療所

ホール

指令室

2段ベッド

厨房／洗濯室

0   3 METRES

主トンネル

0   400METRES

0   400 YARDS

ゾンネンベルクの質素な施設は、核攻撃の際２万人の地元住民を収容できることになっていた。

　たとえば、スイスの山腹に掘られた第２次世界大戦時の要塞サッソ・サン・ゴッタルドは、現在は地下博物館となり、戦時中どのように機能していたかを記録・展示している。ホテル・ラ・クラウストラは迷路のようなシェルターのトンネルから高級ホテルに変身し、ザイラー乳製品は別の旧シェルターで大規模なチーズ生産を行っている。スイスの使われなかった何千ものシェルターの多くをホームレスや難民のための緊急避難所とする提案もなされている。比較的大規模な施設は、データセンターや、富裕層が世界滅亡の日に逃げ込む避難場所として購入されたそうである。

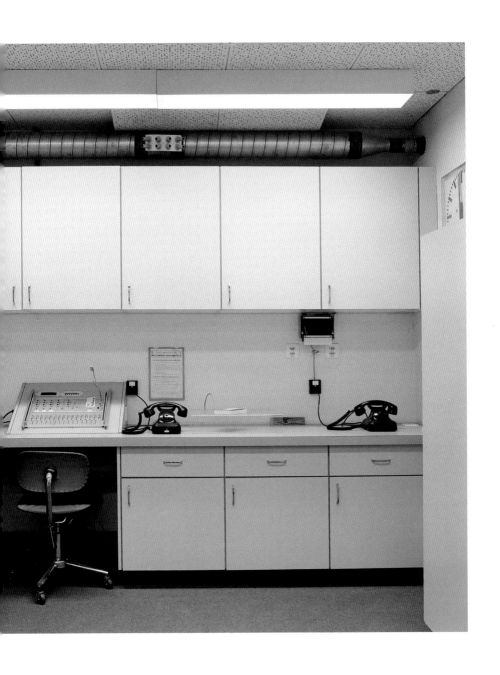

ダルバザ・ガスクレーター

ソビエトのガス採掘によって偶然開いた伝説的な「地獄の門」

「ここから入る者はいっさいの希望を捨てよ」よく引用される
この言葉は（原語は作者ダンテ・アリギエーリの母国語たるイ
タリア語で書かれているため表現はさまざまだが）、14 世紀の
叙事詩『神曲』の『地獄篇』によれば、地獄に通じる門に刻ま
れていたという。ダンテは死後の世界のぞっとする光景を鮮明
に描き、そのイメージは今日でも人々の心に強く焼きついてい
るけれども、実際そのような門が世界のどこにあるかについて
作者はなんの手がかりも与えてくれなかった。

　実は、「地獄の門」と呼ばれる場所は世界各地に存在する。
どれも人目を引く特色を有しており、多くは炎に包まれている。
地元の人々は想像力をかきたてられ、痛みと苦しみに満ちた懲
罰的な地下世界に至る燃え盛る道についてのドラマティックな
物語を紡いできた——まさにダンテが 700 年前にしたように。
たとえばシチリア島のエトナ火山は、その大噴火により、中世
に地獄への道だと言われた。アイスランドでは、危険な火山灰、
溶岩流、燃える軽石を時折噴出する活火山ヘクラ山が、地元で
は奈落への入り口だと考えられている。そして日本の東北地方
で煙を上げて硫黄を漂わせる恐山では、カルデラを黄泉の国に
至る道だとする民間伝承がある——三途の川はその死後の世界
へ行くため死者が渡らねばならない象徴的な境界である。

　だが、こうした「門」の中で間違いなく最も得体が知れな
いのはトルクメニスタンにある地獄の入り口、ダルバザ・ガ
スクレーターだ（「ダルバザ」とは「門」を意味するペルシャ
語が訛ったもの）。トルクメニスタンの首都アシガバートから
約 250 キロメートル（155 マイル）に位置するダルバザは、静
かに広がるカラクム砂漠の中にぽつんとある椀状のクレータ
ーで、幅はおよそ 69 メートル（226 フィート）、底の深さは 30

N

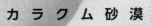
カラクム砂漠

ダルバザ・
ガスクレーター

ダルバザ

| 0 | | 100 METRES |
| 0 | | 100 YARDS |

メートル（98 フィート）に達する。一般に言われていること
を信じるとすれば、これは、隠された地下世界に関する答えの
ない疑問に直面したとき人がどれだけ傲慢に、あるいは謙虚に
なるかを教えてくれている。

　言い伝えによると、1971 年、ソビエトの採掘機がこの地域
を掘っているとき地面が崩壊し、突然足元に巨大な空洞が現れ
たという。この意図せずしてできたクレーター（と同時に近く
にできたそれより小さなクレーター数個）はメタンなど大量の
有毒ガスを噴き出していることが確認されたため、ガスに火を
つけ、燃え尽きて何もない穴が地面に残るまで数日あるいは数
週間放置する、との決定がなされた。半世紀後、いずれ燃料供
給は止まるという予測を覆し、この火はまだ激しく燃え続けて
いる。

　これは実話なのか？　そうかもしれない。違うかもしれな
い。この話を裏づける確たる証拠はほとんどなく、都市伝説の
中でこの最も都市らしくない話が繰り返し語られているにすぎ
ない。永遠に消えないと思われる炎が示唆するのは、地下に莫
大な量のガスが含まれていること、これほど大量のガスをおさ
めている地下空洞はとてつもなく大規模なものだということだ
けだ。

　温度は最高で摂氏 1,000 度（華氏 1,830 度）にも達すると言
われているため、何十年もの間クレーターの中に入って本格的
な科学調査を行うことはできなかった。しかし 2013 年 11 月、
カナダ人の自称「冒険家」兼「竜巻追跡家」、ジョージ・コロ
ニスが記録上初めて、勇敢にもダルバザの深い穴の中に跳び込
んだ。過酷な熱に耐えられるよう特注の酸素マスクと耐熱ハー
ネスを備えた未来的な熱反射スーツを身にまとい、灼熱の穴に
身を下ろしていく。彼の狙いは、このような厳しい条件下で、
たとえ細菌でもいいから生物が存在できるのかという、非常に
単純だが有益な疑問への解答を得ることだった。

　熱の中を下降して無事地表まで戻ってきたコロニスは、クレ
ーターの底で細菌を確認したと言った。細菌は業火の中で安全
に生きていた。実のところ、それはクレーター周辺の土壌では

ダルバザの炎は半
世紀の間燃え続け
ており、ガスが燃
え尽きる気配すら
見えない。

　見られない細菌だったため、ダルバザの灼熱の中にはユニーク
な生態系があると推測することができる。

　コロニスの試みが示唆しているように、地球外で生活する可
能性を追求するため、ダルバザの燃え盛る炎の中で暮らす生物
について研究する価値はある。このような過酷な条件の地下に
細菌が存在するのなら、大気がメタンだらけで極度に暑い星に
も微生物が（もしかするともっと発達した生物も）見つかるこ
とも考えられる。昔なら、そのような考えはばかげているとし
て退けられただろう。地下の秘密と宇宙空間の秘密には、我々
が想像する以上に共通点があるのかもしれない。

首都圏外郭放水路 （G-Cans）

首都圏を守るために作られた、世界最大の氾濫水排水施設

1958 年、狩野川台風が東京の下町を直撃した。風速 50 メートルもの強風と豪雨が何百カ所もで地滑りを引き起こし、50 万戸の家屋が浸水した。東京だけで 200 人以上、日本全体では 1,200 人以上が命を落とした。

だが、これは 1 回限りの出来事ではなかった。20 世紀に東京を襲った激しい洪水の歴史の、ほんの 1 ページにすぎない。最初は 1910 年（明治 43 年）に大水害をもたらした豪雨で、20 万戸近くが浸水して数百人が死亡した。1917 年（大正 6 年）にも水害は起こり、高潮で 1,000 人以上が犠牲になった。その後も 1940 年代後半まで、強力で破壊的な台風が次々と吹き荒れた。1958 年の狩野川台風のあと、防潮堤や水門といった防護施設が設置されたものの、20 世紀後半も東京は季節的な豪雨に悩まされ続けた。水は道路や家に流れ込むしかなかった。1966 年、そして 1979 年にも大きな台風が襲った。1979 年の台風 20 号は、おそらく観測史上最強の台風だった。

あえて洪水被害を受けやすい都市を設計するのなら、東京以上に完璧な場所は見つからないだろう。この都市は江戸川（1868 年以前の地名「江戸」にちなむ）だけでなく荒川、中川、綾瀬川、墨田川の土手に築かれ、近くにはもっと小規模な河川も多くある。それほど多くの河川があると貿易には便利だが、都市が大きくなるに従い危険ももたらされた。東京湾を囲む沖積平野の土壌はゆっくり流れる漂砂であることが、問題をさらに大きくしている。水がこの氾濫原から海まで出ていくには非常に長い時間がかかるので、豪雨時にさらに高いところから下流へとほとばしる水はあふれるしかないのだ。

1980 年代、東京を中心とした首都圏は毎年のように氾濫に見舞われた。理由のひとつは、人口が増え続けて都市部が外側

日本

北緯 35° 59' 32"
東経 139° 46' 44"

首都圏の地下に作られた巨大な氾濫水排水施設は大聖堂にもたとえられる。

N

江戸川

第18号水路

椚

第18号水路

牛川

上金崎

2

第2立坑：
第18号水路

1

庄和排水機場

下柳

西金野井

大袋

米島

藤塚

0　　　　　　　　　　　　1 KILOMETRE

0　　　　　　1/2MILE

へと広がっていき、周囲の湿地帯や水田がどんどん舗装されて
いったことだ。そのため80年代末、日本政府は思いきった対
抗策を取ることにした。計画が立てられ、1992年に「世界最
大の放水路」と呼ばれるものの工事が始まった。首都圏に暮ら
す1,000万以上の人々の安全と繁栄を脅かす将来の洪水を処理
できる、長期間使用するインフラストラクチャーである。

2000年代後半についに完成した首都圏外郭放水路（愛称
「G-Cansプロジェクト」）は、とてつもなく巨大な施設だ。地
下に世界一規模の大きい氾濫水排水路が作られた。調圧施設は、
あふれた水の行き先を簡単に変えることができる。地下22メ
ートル（72フィート）まで掘られた主水槽の内部は途方もな
く広い。天井と床は18メートル（59フィート）という実際の
高さよりもさらに大きく見える59本の柱で隔てられており、
中を歩く人間はさながら無人の船の中を動き回るアリだ。長さ
は177メートル（581フィート）、幅は78メートル（256フィ
ート）あって、果てしなく続いているように見える。これほど
大規模なので、この施設がコロシアムや大聖堂にたとえられる
のもうなずける。

ロンドンのネルソン記念柱がすっぽり入りそうなほど大きな
貯水槽が5基あり、オリンピックプール1杯分の量の水をほん
の数秒で排水できるだけのポンプ能力を有している。あふれた
不要な水は全長6キロメートル（4マイル弱）にも及ぶトンネ
ル網を通じて最終的に大きな江戸川に流され、海まで運ばれる。

現在のところ、こうした放水が必要になるのは1年に平均7
回である。だが将来について確実なことはわからない。都市が
大きくなり、雨が増え、海面が上昇している現在、首都圏の多
くの人々は、ますます予測不可能になる気象状況にこの地下放
水路だけで充分対抗できるのかとの不安を口にするようになっ
ている。何百万人もの生活、何千もの命が、危険にさらされて
いる。政府は現在、この巨大施設ですら将来の豪雨に満足に対
処できないという不愉快な可能性に直面することを余儀なくさ
れている。首都圏の21世紀は、やはり前世紀と変わらず荒れ
狂ったものになるかもしれない。

世界最大の地下排水施設として、首都圏のG-Cansは中央指令所と緊密に連携して機能することが求められる。

現代

大型ハドロン衝突型加速器

世界一大型で強力な粒子加速器

「世界が終わる！」タブロイド紙の見出しが躍った。時は2008年9月。マスコミは、スイスの科学者たちが10年間進めてきた、ある実験を行うことのできる超強力な装置を作る計画を報道した。その実験にはすぐさま「ビッグバン実験」とのニックネームがつけられた。微小な粒子を光速に近いスピードで衝突させて宇宙誕生直後の状態をシミュレートする実験である。世間を煽るマスコミの不吉な予言によれば、最悪のシナリオでは小さなブラックホールが生まれ、それは急速に拡大して地球とそこに住む人々をのみ込んでしまうという。パニックが広がり、装置の稼働を止めようと法的手段に訴える者まで現れた。

　現実にはこの世の終わりをもたらすものではなかったが、充分なニュースバリューはあった。実際に起こったのは以下のようなことだ。ジュネーブに本部を置くヨーロッパの原子物理学研究所である欧州原子核研究機構（CERN、現代のインターネットの基本となる "World Wide Web" すなわち「ウェブ」の発明などを行った機関）はそれまで長年、大型電子陽電子衝突型加速器（LEP）の改良を行っていた。1981年5月に稼働を始めたLEPは、ボゾン（ボース粒子）——量子力学的作用にとってきわめて重要な微粒子——の研究を進めるためにごく小さな電子を反粒子の陽電子と意図的に衝突させる目的で作られた巨大な装置である。そのためにはジュネーブの地下に全長27キロメートル（17マイル弱）の円形トンネルを作らねばならなかった。3台のトンネル掘削機が3年がかりで地中を掘り、工事は当時のヨーロッパ最大の土木建築プロジェクトとなった。ようやく1988年2月にトンネルが完成し、LEPは翌年夏から稼働を始めた。

　これをさらにグレードアップした、現存するLEPのトンネ

ジュラ山脈

エシュネペ

スジー

ソーベルニー

大型ハドロン衝突型加速器

CMS

ベルソネ

セニー

フランス
スイス

クロゼ

シュブリー

オルネクス

プレヴサン＝モエン

フェルネー＝
ポルテール

アリス

LHCb

サン＝ジュ
ニ＝ブイイ

ATLAS

ジュネーブ
空港

フランス
スイス

メイラン

0 　　　　　1 KILOMETRE

0 　　　　　1 MILE

ルの中に世界一大きく強力な粒子加速器を設置するという意欲的な新事業は、早くも1984年に始まっていた。これによって研究が大きく前進する見込みがあった。宇宙の性質の根本にかかわる科学的な答えを見出せるかもしれない。しかし、このような装置が本当に必要なのかという疑問も持ち上がった。折しもアメリカは、テキサス州ウォクサハチーにパナマ運河より長い87キロメートル（54マイル）にも及ぶトンネルを掘って独自の「超電導超大型加速器」を作ろうとしていたからだ。それでもヨーロッパでの事業は反対を押し切って進められた。結局この決定は正しかったことになる。アメリカは建設が始まって2年後の1993年、費用の高騰により事業を中止したのだ。

1年後、大型ハドロン衝突型加速器（LHC）の建設が正式に認可された。その目的は、光速に近いスピードで動く高エネルギーの陽子ビームを衝突させ、このような高速での衝突の結果ミニ「火の玉宇宙」が発生する瞬間に放出されるクォークその他の粒子に関する種々の謎を解き明かすことである。

ついにLHCの電源スイッチが入れられたとき、完全に計画どおりというわけにはいかなかった。世界は終わらなかったものの、最初の実験は途中で終わった。過失によって冷却水がトンネルの中に漏れ出したのだ。37個の磁石が取り替えられて、ようやくLHCは正常に動きはじめた。だが科学者たちの忍耐は数年後に報われた。2012年7月、存在が予言されていたヒッグス粒子が見事発見されたのだ。いわゆる「神の粒子」の存在がイギリス人物理学者ピーター・ヒッグスによって初めて予言されてから、ほぼ半世紀後のことだった。この功績により、彼は翌年ノーベル物理学賞を共同受賞した。

LHCのトンネルはフランスとスイスの国境地帯の地下100メートル（328フィート）にある。ジュネーブ郊外の地上に置かれた平凡な駐車場と事務所用ビルは、地下で奇想天外な実験が行われていることをほとんど窺わせない。実験中、トンネルは想像を絶する寒さになる。実験に求められる非常に強力な磁場を作り出すため、数千の超電導電磁石が並べられ、120トンの液体ヘリウムの助けによってトンネルは摂氏マイナス271.3

大型ハドロン衝突型加速器をおさめた未来的なトンネルの中は月と同じく空気がなく、ほぼ絶対零度まで冷やされている。

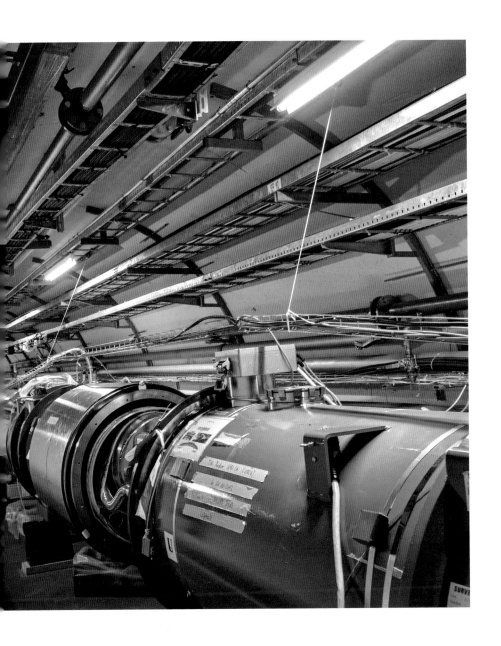

度（華氏マイナス456度）という、いわゆる「絶対零度」にきわめて近い低温まで冷やされる。トンネルは稼働中のものとしては世界最大の真空の施設であり、月と同じく空気がまったくない。

　LHCの使用期限はまだかなり先だが（少なくとも20年は動くと想定されている）、「高輝度大型ハドロン衝突型加速器」にグレードアップして2026年から稼働させる正式な計画が既に公表されている。輝度（明るさ、あるいは放射）を10倍に増すことで、この新たな装置はより多くの衝突を引き起こし、さらに何百万も多くの粒子が観察できるようになる。

　とはいえ、この装置すら、CERNが計画を発表した新たな粒子加速器に比べたらちっぽけに思えるかもしれない。実現すれば、「未来円形衝突型加速器（FCC）」は全長100キロメートル（62マイル）以上のトンネルの中に作られることになる。LHCに比べて長さは4倍、パワーは6倍。ジュネーブの地下世界における科学的冒険は、まだ始まったばかりかもしれない。

オタイメサ

メキシコとアメリカを結ぶ数十本の密輸トンネル

アメリカ／メキシコ

北緯 32° 32' 45"
西経 116° 58' 14"

　地上では、象徴的な線が大陸を横切り、地球の表面を友好的な場所と非友好的な場所とに分ける。役人は書類を確認し、質問をし、人生を左右する決定を行う。国境監視員は SUV 車を乗り回し、防御壁に弱点がないかと目を光らせて国境沿いをパトロールする。だが、彼らの足の下にはまったく別の世界が存在する。地表で実施されている 2 項対立の枠組みに反抗して、地下には規則を破る動機も能力もある。国境は無視され、監視の目は届かず、書類に意味はなく、領土主権の線引きは薄れて見えなくなっている。

　現代において、地質が政治と無関係でいるのは難しい。土地は途方もなく大きな象徴的な意味を持っている。とりわけ、なんらかの政治的信条に下支えされた、文化の特色を伝える物語がその土地にある場合は。ナショナリズムが支配する地において、国境は対立、恐怖、怒り、そして多くの場合戦いの場となる。必ずしもあからさまな暴力に発展するわけではないが、しばしば恣意的となるこうした境界線を越えることを何（誰）が許されて何（誰）が許されないかに関する単純な規制からも、ちょっとした軋轢が生じうる。だがよく言われるように、規則は破るために作られるのだ。国境が根強い問題となるとき、地下はこうした規則を迂回するための興味深い新たな機会を提供してくれる。

　世界で最も耳目を集める、大きな政治的問題となった──そして最も強固に防御された──国境は、ティファナの太平洋岸からメキシコ湾に流れ込むリオ・グランデ川の河口まで 3,111 キロメートル（1,933 マイル）にわたってアメリカ合衆国とメキシコ合衆国を隔てる線である。3 分の 1 の区間に塀が立てられたこの線に沿って旅をしたなら、険しい山々から曲がりくね

った川、砂の動く砂漠まで、さまざまなものを間近に見ることができる。アメリカは躍起になって、人間（そして特定の禁じられた物質）がこの線を越えてくることを防ごうとしている。けれども、地表での厳重な監視を逃れる方法を地下世界が提供してくれる場所がある。

　何百万年も前、オタイメサは深く海底に埋もれた海成段丘だった。東部のサン・イーサイドロ山脈が隆起すると、水が山々から流れ出して砂岩、沈泥、粘土でできた低い台地が残り、この地域に表土が形成された。現在、この細く短い土地はメキシコ北部とカリフォルニア州南部の間の国境線上にある。もう少し具体的に言うと、ティファナ空港と、サンディエゴのオタイメサ地区の間だ。半乾燥した独特な地質により、ここはある特定の活動にとって理想的な場所になっている。トンネル掘りである。西側の水を含んだ砂地や東側のサン・イーサイドロ山脈の硬い火山岩を避けて、軟らかいがしっかりした、たいていはシャベルがあれば充分で機械の助けを必要としないベントナイト粘土を掘り進めば、国境を越えて向こう側に出ることができる。

　麻薬密輸業者（特に、1980年代後半から90年代前半にかけて悪名高いホアキン・『エル・チャポ』・グスマンが率いたシナロア・カルテルという犯罪組織）はこうして、メキシコのシナロア州やソノラ州で栽培されるマリファナなどの禁制品を、儲けの多いアメリカまでまんまと運ぶことができた。このようなトンネルによって、密入国請負組織が向上心に燃える移民にこっそり国境を越えさせることも容易になった。最も助けになったのは、サンディエゴとティファナが接する地域では産業が発展してにぎわっているため、トンネル掘りに必要な頑丈な道具や装備が普通でないとか疑わしいとして目立たずにすんだことだ。しかも、入り口は倉庫や非常に広い廃棄物施設など人けの少ない業務用の建物の中に隠されていた。歴史上、何千ではないとしても何百もの違法なトンネルがアメリカとメキシコの国境の下に掘られてきたが、オタイメサほどトンネルにうってつけの場所はなかった。

ブラウン・フィールド
空港

オタイメサ

ビジネス・
パーク

アメリカ合衆国
メキシコ

ティフアナ国際空港

ブエナビスタ

バハカリフォルニア
自治大学

ティフアナ

チャミザル

オラチェア

ティフアナ川

1 KILOMETRE

1 MILE

2019年8月にこの地域で見つかったトンネルは、こうした土木事業がどれほど素晴らしく精巧かを示す絶好の例だ。オタイメサ地区でこれまでに発見された中で最も長い全長1,313メートル（4,309フィート）のトンネルは、国境の地下平均21メートル（70フィート）のところを通り、大人が立って歩けるだけの高さがある。トンネルの端から端まで線路が敷かれていて、照明、換気設備、高圧ケーブル、不要な水を排出する仕掛けが備わっている。これ以外にも、粗末なはしごの代わりに両端にエレベーターを設置して大量の麻薬を高速で運べるようにしたトンネルも見つかっている。

　当局に発見されたトンネルは、将来的に不届き者が利用しないよう、すぐさま埋めて使用不能にされる。しかし、いくら国境監視員がトンネル掘りの用いる戦術に詳しくとも、効果的にトンネルを検知できるわけではない。オタイメサ地区における密輸は大規模であり、これらプロの犯罪者たちが用いる策略は常に進化し続けているため——貸家の地下室にトンネルを掘る、床が取り外せるトラックを開けたマンホールの上に止めて品物を運ぶ、など——密輸業者と国境監視員との競争は（少々逆説的な比喩になるが）どんどん地中深くまでエスカレートし続ける運命にあるようだ。

オタイメサでは、犯罪者たちは精巧な長いトンネルを作り、地上の当局の厳しい目をすり抜けて密輸を行っている。

グアテマラシティの陥没穴

突然市街地をのみ込んだ巨大な陥没穴

グアテマラ

北緯 14° 36' 49"
西経 90° 30' 42"

　強風がうなりをあげ、激しい雨が打ちつけ、道路は川に変わる。2010 年 5 月末、太平洋から上陸した熱帯暴風雨アガサは壊滅的な被害を出しながら進み、中米の死傷者は数百人にのぼった。今、アガサは首都グアテマラシティを襲っている。この都市に住むおよそ 100 万の人々が避難して、毎年のハリケーンシーズンの始まりを告げる暴風雨がやむのを待っているとき、行政区 2 にある建物は大地が動くのをはっきりと感じた。静かな北部の郊外でアベニュー 11A とストリート 6A の交わる角に立つこの 3 階建ての織物工場は、突如なんの前触れもなく地面に沈んだ。ほんの数秒のうちに地盤が完全に崩れて、建物全体が大きな穴の中に姿を消したのだ。近隣の人々は仰天し、地球の中心に通じているとしか思えない断崖の縁に立って呆然とした。

　グアテマラシティにとてつもなく大きな陥没穴が出現した。陥没穴（ドリーネとも呼ばれる）は、表層が崩壊して、知らないうちに地中にできていた空洞が露出して起こる自然現象だ。多くの場合、この現象を引き起こすのは水である。地面を支えていた岩が地下河川の活動により浸食されるか、水があふれて地中の土がそれ以上重みに耐えられなくなるかして、穴が開くのだ。

　陥没穴の成長度合や特性は地質によって決まる。軟らかな砂質土では、陥没穴は比較的浅いことが多い。あまり強い圧力に耐える力がないため、表層がすぐに崩れて地下の空洞が露出するからだ。しかし、カルストを作る石灰岩や泥岩などもっと硬い地面だと、地下水にゆっくり浸食されてできる地下空洞はかなり大きくなることがある。豪雨や極度の乾燥など土壌の安定を脅かすさまざまな要因によって、そうした地面がついに重力

178

コロニア・
サケルティ

アルカラ

2010 年の陥没穴

2007 年の陥没穴

サバナ・
アリバ

歴史的地区

グ ア テ マ ラ シ テ ィ

キンタ・
サマヨア

サンタ・
ロシータ

テクン・
ウマン

ミレス・
ロック

ラ・アウロ
ラ国際空港

メキシコ

グアテマラ

グアテマラ
シティ

エルサル
バドル

パカヤ火山

2010 年 5 月 29 日 ～ 6 月 1 日
の熱帯暴風雨アガサの進路

0   1 KILOMETRE

0   1 MILE

陥没穴はグアテマ
ラシティのような
開拓地が築かれた
土台の脆弱性を露
わにした。

に耐えられなくなったとき、巨大な空洞が姿を現す。空洞は人間、自動車、そして——グアテマラでの例のように——建物をも、のみ込むことができる。

　2010年の事故の報道では、グアテマラシティにできた陥没穴の直径およそ20メートル（65フィート）、深さ最大60メートル（200フィート）という途方もない大きさとともに、首都の地面に生じた穴のほぼ完璧な円という形に注目が集まった。この陥没穴が突然現れた原因は石灰岩ではない。専門家は、数世紀にわたる噴火の結果積もった火山性の軽石などによる緩い堆積層の上にグアテマラシティが作られたという歴史を指摘した。堆積物は本来、舗装されたコンクリートの下で自由に動き回る性質があるため、このような事故が起こるのは必然だと言える。実を言うと、これはグアテマラシティに3年間でできた2個目の陥没穴だった。2007年2月、それほど遠くないところで、やはり大雨のときに同じくらい大きな陥没穴ができていたのだ。

　事故を調査するため招集された専門家たちは即座に、建設工事のお粗末さと、建築基準がないことを指摘した。この陥没穴が生じたのは主にインフラの欠陥による。おそらくは下水道や排水管が熱帯暴風雨のもたらす大量の雨によって破裂したのだろう（近年のパカヤ火山の噴火により排水管に灰が詰まっていたのも災いした）。したがって、これは実質的には人災であり、自然な陥没ではない。それはグアテマラシティの住民にとって、まったくなんの慰めにもならない。地表に突然穴が開く危険と常に隣り合わせで生活せねばならないのだから。

スヴァールバル世界種子貯蔵庫

全世界の作物を守るための地下貯蔵庫

戦争。飢饉。疫病。世界の食料供給の破綻はさまざまな、本当にぞっとする恐ろしい形で起こることが考えられる。もしそれが現実になったら、世界じゅうの人々に食料を行き渡らせるのはとんでもなく困難になる。現代の農業では地球規模に張りめぐらされた貿易網が必要であり、我々の求める作物を育てるための種子の供給は不安定だからだ。

食用作物は魔法のように現れてはくれない。たとえば、現代の軟らかくて甘いバナナの祖先である種子の詰まった硬い野生の果物を見てみれば、現代人が日々食べている作物がどれほど意図的に遺伝的に改変されてきたかがわかるだろう。世界各地でそれぞれの民族が、時には何千年もかけて慎重に品種改良や栽培植物化を行った結果、アーモンドからスイートコーン、ニンジンやスイカまで、今我々が味わっているおなじみの果物や野菜が生まれたのだ。

しかし、害虫や病気が国境を越えて入り込んだり、栽培に適した環境が失われたり、旱魃や極端な高塩分化が起きたりするといった局所的・地球的脅威が、こうした発展を危険にさらしている。自然作物や工芸作物を長期保存して確実な食料供給を維持することが何よりも肝要だ、と専門家は論じる。これを念頭に、多くの国や地域は安全な種子銀行（シードバンク）を置いている。将来最悪の事態が起こったときに備えて、その地域で育つ種子を貯蔵しておく場所だ。

だが、シードバンク自体が損傷して貴重な中身が失われたとしたら？　そんな場合のために予備の施設が必要だ。1984 年、北欧遺伝子バンクは遠く離れた北極圏にあるノルウェー領スヴァールバル諸島の廃炭鉱に「絶対安全な」種子貯蔵施設を開設した。理念は素晴らしいが、やがて、人類生存のために重要と

ノルウェー

北緯 78° 14' 10"
東経 15° 29' 28"

グリーンランド海

スヴァールバル空港

スヴァールバル
世界種子貯蔵庫

プラタベルゲット

ロングイェールビーン

ノルデン
ショルド山
1,053m

0   1 KILOMETRE

0   1 MILE

なるであろう施設が周期的にきわめて高レベルの炭化水素ガスにさらされる場所に置かれていることへの懸念が生じた。

2008年、改名された北欧遺伝子資源センター（NordGen）によりスヴァールバル世界種子貯蔵庫が新たに設立され、鳴り物入りで操業を開始した。ノルウェー農業食料省とグローバル作物多様性トラストも協力して運営に当たる。この辺境の地の厳重な貯蔵庫は、現在の水面から130メートル（426フィート）上方で砂岩の山の内部に作られ、世界じゅうの地域や国のシードバンク網が壊滅的な打撃を受けたときに地球上の種子の多様性を守るための最後の手段として、無償で利用することができる。北極点から1,300キロメートル（800マイル）に位置するスヴァールバル諸島の永久凍土や氷河の奥深くで凍結された、農作物のタイムカプセルである。

貯蔵庫は代謝活動を低く抑えるため機械制御で摂氏マイナス18度（華氏0度より少し下）に保たれている。仮に冷却システムが故障したとしても、氷河というスヴァールバルの自然環境により充分な低温が維持され、内部の貴重な資源をダメージから守れることが期待されている。

これほど重要な施設にしては、見かけは驚くほど質素である。できる限り人間がいなくても機能するよう設計されており、スタッフは新たな保管物が到着する予定のときのみ現れる。堂々とした外部扉を入ると、湾曲したコンクリートと金属の壁に囲まれたモノクロの殺風景な広いトンネルが斜めに下降しており、さらに厳重な扉をいくつか抜けると、山を100メートル（328フィート）以上入ったところにある中央貯蔵部に出る。

プロジェクトが掲げるのは非常に野心的な目標である。現在、6,000以上の植物種から成る100万を超える種子のサンプルをおさめた箱が、入念に分類され慎重に封印された状態で中央貯蔵庫に置かれている。その数だけでもたいしたものだが、施設には未使用の貯蔵庫もまだ2基あって合計の収容能力ははるかに大きく、最大450万種の植物を貯蔵することができる。植物1種につき500粒ほどの種子を保管するため、単一の建物の中になんと22億5,000万粒の種子用のスペースがあることにな

外部からは世界種子貯蔵庫の入り口しか見えず、残りの部分は山の奥深くに埋められている。

る。

　グローバル作物多様性トラストによれば、貯蔵庫には「世界
一多様な食用作物の種子のコレクション」があるという。地球
上のほぼすべての国から集められた種子がここにある。小麦、
トウモロコシ、米、大麦、サトウモロコシ、ジャガイモ、ヒヨ
コマメ、ピーナツ、オーツ、豆類といったさまざまな主食用作
物のほかに、こうした作物の野生種も多く見られる。この多様
性は種子の預託主にも表れており、野生のニンジンやランを預
けたのはイギリスのキュー王立植物園、神聖なトウモロコシや

豆を持ち込んだのはアメリカの先住民チェロキー族だった。

　興味深いことに、現在も将来的にも、いわゆる「遺伝子組み換え」作物がこの貯蔵庫に置かれる予定はない。こうした作物はノルウェーの国内法で輸入や保管が禁じられているからだ。預託主が以前預けた種子を引き出そうとした例は、今までに1度だけある。2015年、国際乾燥地農業研究センター（ICARDA）がシリアのアレッポにあるシードバンクに近づけなくなり、モロッコとレバノンに置いた新しい施設におさめるため小麦、レンズマメ、ヒヨコマメといった作物を新たに貯蔵する必要が生じたときだ。

　辺鄙な場所と施錠した扉では充分な保護にならないと言わんばかりに、非公式な治安部隊も置かれている。あたりを歩き回るホッキョクグマだ。だが、それでも不充分かもしれない。2016年末、北極の気温が通常よりはるかに高くなったためスヴァールバルに（予想されていた少量の雪ではなく）想定外の大雨が降り、普段は世界種子貯蔵庫を囲んでいる永久凍土が溶けて施設に流れ込んだ。水は外部扉を抜けて内部のトンネルにあふれ、そこで凍って氷になった。この事故のとき、山の奥深くにある貯蔵庫自体に被害はなかった。その後同種の事故が繰り返されるのを防ぐため2,000万ユーロを費やしてトンネルに防水工事が施されたが、年々大きくなる気候変動の影響など将来的な危険にも耐えられるよう、貯蔵庫は今後も頑丈さを保ち続けねばならないだろう。

ヘルシンキ地下都市

市全体に広がる、いざとなればシェルターとしても使える
地下の都会

　サイレンが鳴り響き、照明が光り、人々が走る。フィンラン
ドとその首都ヘルシンキが攻撃や侵略を受けたという未来のシ
ナリオでは、そのようなシーンが繰り広げられるだろう。だが
フィンランド人は闇雲に国境へと逃げていきはしない。それよ
りも、慎重に作られた地下シェルターが待っている。ヘルシン
キ市民全員を避難させられるほど広いシェルターである。

　フィンランドが隣国を警戒するのにはもっともな理由があ
る。1939年末から1940年初頭までの4カ月にわたるいわゆる
「冬戦争」は、第2次世界大戦勃発当初の戦闘と混同されて、
当事者のロシア（当時はソ連）とフィンランド以外ではあまり
よく知られていないかもしれない。しかしこの戦いはフィンラ
ンド人の心に強い印象を残し、おそらくは国民全体の意識に刻
み込まれていると思われる。ソビエト軍は100万以上の兵力を
全長1,309キロメートル（813マイル）の国境線のほうへと展
開させたにもかかわらず、団結して防御に当たったフィンラン
ド軍の粘り強く巧みな戦術に阻まれ、隣国の領地深くまで侵攻
することはできなかった。厳しい北欧の冬にこのような大規模
な軍事侵攻を行うというお粗末な決断も、失敗の要因となった。
フィンランドは領土の一部を失ったものの、国土の大部分は守
られ、本格的な侵略は避けられた。

　戦後、フィンランドは欧州自由貿易連合（EFTA）や欧州連
合（EU）といった多国間の国際組織に加わりはしたが、より
軍事的な北大西洋条約機構（NATO）のメンバーにはならな
かった。近くのエストニアやラトビアやリトアニアといった旧
ソ連のバルト諸国が進んでNATOに加盟したのに対して、フ
ィンランドは対立する東西勢力の間で目立たず中立を保つほう

フィンランド

北緯 60° 10' 31"
東経 24° 56' 7"

キビハカ

クンプラ

パシラ

ルスケアスオ

ヘルマンニ

ラークソ

アルッピラ

カラサタマ

オリンピック・
スタジアム

トーロ

カリオ

ヘルシンキ

ヘルシンキ中央駅

ヘルシンキ動物園

ヒエタニエミ

国会議事堂

元老院広場

大統領官邸

カンピ

ルオホラハティ

プナヴオリ

ヘルシンキ大学
天文台

ヤトカサーリ

エイラ

カイヴォプイスト

ムンキサーリ

ランシ・
ムスタ

バルト海

地下施設（建設済）

地下施設（予定）

0   1 KILOMETRE

0   1 MILE

を選んだ。ゆえに、現在のロシアが新たに侵攻してきた場合、NATOがすぐ自動的に助けてくれることは望めず、理論上フィンランドはまたしても自衛を迫られるだろう。

だからこの国は、バルト海の縁、首都の凍える市街地の下に巨大シェルターを設けることに、魅力を覚えたのだろう。2000年初頭、ヘルシンキ都市計画委員会をはじめとした行政諸機関は、1980年代以降ヘルシンキの地下に存続してきた現在の比較的小規模な空間を拡張する可能性に関して公式協議を始めた。その後10年近くかけて計画を練り、2010年末、ヘルシンキ市議会は地下基本計画と題するものを発表した。世界初の、市全域にわたる地下計画である。地盤を掘った地下に、市の中心部からスパゲティのように四方八方に広がる、全長200キロメートル（124マイル）の通路を備えたシェルターと基幹設備（水道施設やインターネット設備など）を作る。万が一敵に侵略されたなら、60万を超える全住民はただちに地下で暮らすことができる。

なるほどこれは興味深く大ニュースになる話だが、フィンランドの地下都市は単なる大げさな隠れ場所ではない。平和時（つまり現在のところはいつも）、こうした地下施設は、公共施設および商店や教会といった民間施設を地下に移すという高度な都市計画の一環として機能することになる（その目的のひとつは、ヘルシンキでは1日の日照時間が6時間しかないというバルト海地方の長い冬を乗り切ることである）。多くの国の首都では公共交通機関や下水設備や電線が地下にあるが、ヘルシンキでは競技場や駐車場など、地上では必要なスペースが見つからない広い空間を要する施設も地下に埋めている。現在ヘルシンキには地上100平方メートルに対して1平方メートルの地下空間があると推測されており、その面積は大きくなりつつある。そしてもちろん、こうした地下空間は想定外の事態が勃発した場合、ただちに緊急避難シェルターに転用できるのだ。

教会や娯楽施設といった地下設備は、ヘルシンキの半地上半地下首都への変身の一翼を担っている。

190

コルヴェジ鉱山

鉱夫たちが命の危険を冒して現代的な機器に
必須の金属を手に入れる場所

スマートホン1台には平均しておよそ31グラムのアルミニウム、19グラムの鉄、8グラムの銅、それ以外にも微量の金、タングステン、ガリウムなど多くの物質が含まれている。この技術的に高度な機器を作るには、世界じゅうから集めた特定の材料を慎重に組み合わせねばならない。タブレットパソコンから電気自動車まで、21世紀を象徴するほかの高度に進化した機器についても、同じことが言える。こうした必須の材料の中で、最も重要で、入手競争が激しく、規制もなく危険なまま採掘されているのは、おそらくコバルトである。

コバルトはリチウムイオン電池に欠かせない材料で、平均的なスマートホン1台に約7グラム含まれている。しかしコバルトの入手は、控え目に言っても係争を引き起こす問題である。にぎやかな繁華街で最新式のスマートホンを展示する小売店という終点から、それが製造されている深圳や広州といった中国の工業都市を経由してインド洋を渡り、タンザニアや南アフリカの港町を通って、その動力となる材料の起点まで数千キロをさかのぼることにしよう。ここ、コンゴ民主共和国（DRC）の南東部に、そうしたピカピカの機器の裏に潜むいかがわしい秘密が存在するのだ。

DRCのコバルト鉱山の現実は、そこから動力を得ている機器の宣伝から連想されるユートピア的な理想とはかけ離れている。上空から見ると、地面は大きな裂け目だらけで、土地が切り刻まれているかのようだ。ここでは世界のコバルトのかなりの割合が酸化したヘテロゲン鉱の形で産出され、世界市場に売られ、最終的に世界有数の裕福な企業の手に渡っている。

DRCには世界全体のおよそ半分のコバルトが埋蔵されてお

コンゴ民主共和国

南緯 10° 42' 22"
東経 25° 26' 32"

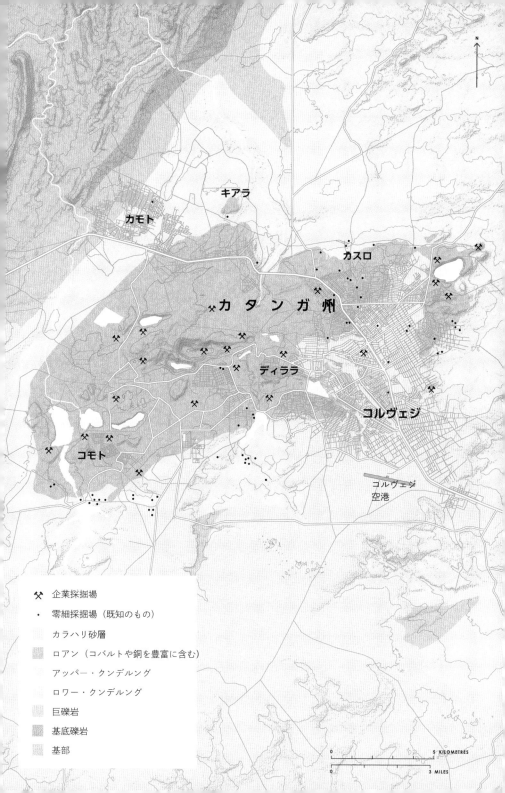

N

カモト

キアラ

カスロ

カ　タ　ン　ガ　州

ディララ

コモト

コルヴェジ

コルヴェジ
空港

企業採掘場

零細採掘場（既知のもの）

カラハリ砂層

ロアン（コバルトや銅を豊富に含む）

アッパー・クンデルング

ロワー・クンデルング

巨礫岩

基底礫岩

基部

0　　　　　　　　　　5 KILOMETRES

0　　　　　3 MILES

り、全世界の年間供給量の60パーセントを産出しているが、多くはコルヴェジをはじめとした南部に集中している。コバルト産業は、この中央アフリカの辺境で推計15万人（おそらくはそれよりもっと多く）の「クロイザー」（「鉱夫」）と呼ばれる非公式の労働者によって地中から掘り出された金属に依存している。DRCのコバルト専門家は、この国の輸出量の5分の1ほどはこうした労働者が手作業で掘り出したものだと考えている。需要が高まるに従ってコバルトの価格も高くなり、土を掘って金儲けをしようとするDRCの人々は増加の一途をたどっている。

コルヴェジのこうした零細採掘場に潜ってみれば、厳しく過酷な世界が見えてくる。赤土をぞんざいに掘った泥だらけのトンネルだ。暗く、有害な粉塵が舞い、ここで働く人々は絶えず出水、致命的な崩壊、生き埋めの恐怖と戦っている。トンネルに蓄積したメタンなどの危険なガスに打ち勝てるよう、小型の汚れた換気装置に取りつけられた細いパイプが新鮮な空気を送り込むことになっている。何万人ものクロイザーは貧しさにあえぐ成人男性や少年で、トンネルの中で1日12時間から20時間働き、稼ぎはわずか1、2ドルである。安全な防護服や靴もなく、地図も専用の道具もなく、適切な訓練も会社のサポートもなく、病気やガス中毒——自分たちが探しているまさにその物質が引き起こした現象——に陥ったときに医療を受けられることもない。

トンネルに入れない者たちは、企業の採掘場が廃棄した副産物を（しばしば素手で）漁って運試しをすることができるが、これも同じくらい危険な仕事だ。女性や子供は何時間もかけて、掘り出したものを不潔で有害な川で洗う。それは骨の折れる仕事であり、得られる収入は雀の涙（そして先天異常の増加にもつながっている）。社会運動家は、このような労働を現代の奴隷制と呼んでいる。

世界には、人々ができれば知りたくない不愉快な現実が地下に潜む場所が数多くある。それはコルヴェジだけではない。だが、DRCの写真や物語は、21世紀の一見きらびやかな生活が

コバルトなどの金属の需要の高まりにより、何十万というコンゴ人がきわめて危険な非公式の採掘にかかわるようになっている。それは一種の現代の奴隷制とも考えられる。

地下から——時には悲惨な状況で——掘り出された材料にいかに依存しているかを、きわめてくっきりと見せてくれる。地下で起こる出来事には、白日のもとにさらすべきものもある——露わになったものを我々が気に入ろうと気に入るまいと。

エルサレム墓地

混雑緩和のための新しい地下墓地

エルサレムの下に広がる地下世界は数多くの文芸作品の舞台となりうるだろうし、実際になっている。世界の全人口の半分以上を信者とするアブラハムの三大宗教（イスラム教、キリスト教、ユダヤ教）の聖地なら、歴史的建築物や遺物が集まっているのは当然だ。この過密で競争が激しく豊かで贅沢な中東の大都会を構成する近代的な高層オフィスビル、ショッピングモール、工業団地、ゲーテッド・コミュニティの下には、数多くの魅力的な地下空間が存在している。イギリス人考古学者チャールズ・ウォーレンが1860年代後半に行った先駆的な（素朴ではあったが）発掘、とりわけ有名な神殿の丘周辺の発掘は、非常によく知られている。だがその後1世紀半の間にも、ユダヤの大浴場から古代ローマの採石場、2,000年間近く見つかっていなかった全長600メートル（2,000フィート）の道路まで、旧市街の伝統的な4地区の下から多くのものが発見され続けている。

世界じゅうで、地下はもちろん死者にとっての一般的な行き先である。しかしエルサレムでは、この伝統的なルートはとんでもない渋滞を起こしている。歴史上、神聖なオリーブ山はユダヤ人巡礼者にとって大切な聖地（そしてエルサレムを訪れる者が展望を楽しめる人気の場所）であり、多くの人々が埋葬の地として選ぶトップの場所だった。ところが、墓地ならどこでもそうだがここにも空間的な制約があり、登録された墓地は現在12万基を超えて収容能力がそろそろ限界に近づいている。オリーブ山は紛争地域の東エルサレムにあって、破壊行為や地政学的対立に巻き込まれる危険があるため、墓地をこれ以上広げるのは難しい。エルサレムで今も遺体を受け入れている墓地はほかにもあるが、ほとんどはどうしようもなく狭いか、ヘル

イスラエル

北緯 31° 47' 51"
東経 35° 10' 27"

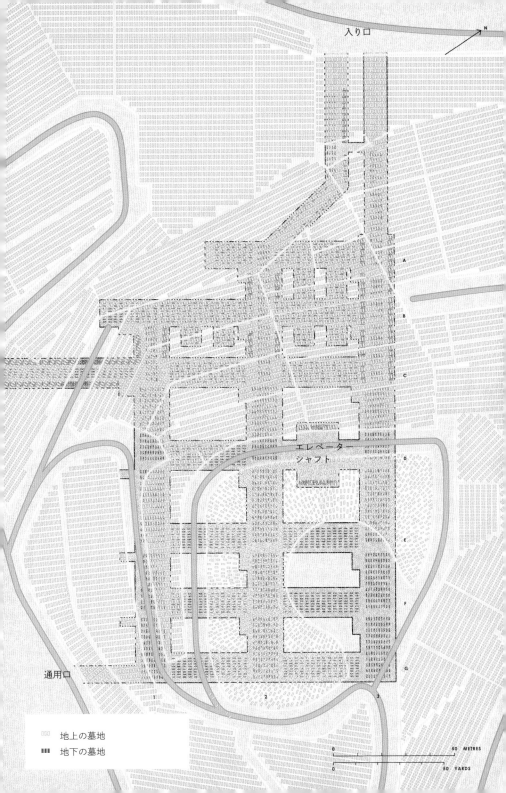

入り口

N

エレベーター
シャフト

A
B
C
D
E
F
G

2   3

通用口

□□□ 地上の墓地
▐▐▐ 地下の墓地

0   50 METRES
0   50 YARDS

ツルの丘のように政治や軍事的リーダーなど著名人専用になっている。火葬すれば場所を節約できるとはいえ、これはエルサレムの大多数を占めるユダヤ人向きではない。まだ残っている少数の埋葬地は1区画で2万USドルもすることがあるため、より多くの墓地が切実に必要となっている。

「信仰はエルサレムの塔の上空にあり」19世紀のイギリス首相ベンジャミン・ディズレーリはそう言った。確かに現在、埋葬地危機への当初の解決策として上空に場所が求められて以来、墓地としての塔はかなり増えている。20世紀にはエルサレム郊外に埋葬用の塔が大量に建てられた。ハール・ハメヌーチョットはその中でも最大で、エルサレムと地中海側の隣町テルア

聖地オリーブの丘は世界じゅうから巡礼者や観光客を引き寄せているが、現在収容能力の限界に近づいている。

　ビブとをつなぐハイウェイを見下ろしている。1951年に開か
れたこの墓地には15万以上の遺体がおさめられており、急速
に規模を増しつつある。ハール・ハメヌーチョットなどの墓地
の「成功」を受けてエルサレムユダヤ人葬祭共済組合は計画を
拡張し、エルサレム以外でも、砂地から空にまで届く永眠の地
としての堂々とした塔がイスラエルじゅうの開拓地で数多く作
られた。

　しかし、こうした上空墓地はあらゆる人に気に入られたわけ
ではない。なにしろ、多くがエルサレムの空という人目につく
場所を占めているのだから。そのため当局は突如180度方向転
換し、空でなく都市の地下深くへと向かうことにした。イスラ

エルのトンネル掘削会社ロルツールと提携して、ハール・ハメヌーチョットの地面の下に近年新たな施設が作られた。現代的な3階建てで12のトンネルから成る地下墓地だ。2万3,000人が眠ることができ、将来的にもっと増える可能性もある。地上で周囲の山々を覆い尽くす無秩序な墓の寄せ集めとは異なり、この地下施設は縦横の列が格子状に規則正しく並んでいる。内装は適度に未来的で、すっきりした通路、大型エレベーター、整った換気設備、穏やかな照明を備えている。故人は死後の世界を快適に気持ちよく過ごすことができるだろう。

　今のところ、この試みは評判がいいようだ。施設の初期費用は、この世を去ったあとの未来を試験的な新しい空間で過ごしたいと思う人々からの前納金でまかなわれた。7,000万USドルとされる建設費用は法外な金額に思えるが、開発業者は、イスラエル内外の何百万ものユダヤ人が永眠に際して故郷の聖なる土地に投資することに関心を抱き続けると期待しているのだろう。

　エルサレムは転換期を迎えているようだ。多くの塔をさらに空高く向かわせるのではなく、ハール・ハメヌーチョットの例にならって地面の下にトンネルを掘り、都市の地下にある墓所の歴史をさらに深めようとしているのである。

建設されたばかりのこの最先端の地下墓地は、エルサレムの埋葬地問題を解決するのか？

コンコルディア基地

氷が溶けてしまう前に世界各地の氷河から
氷床コアを集める施設

南極大陸の地下の氷を掘った空洞に氷を保管するというのは、ばかげた行動に思えるかもしれない。なにしろ南極には氷があり余っているのだから。しかし、氷ならすべて同じというわけではない。実は、科学的見地からすると、一部の氷は金銭に換えられないほどの価値がある。うまくいけば、そういった氷は人類の過去、現在、そしておそらくは未来に関してきわめて貴重な実証的データを提供してくれるのだ。

氷床コアは、特に古気候学という専門分野において、氷河モデリングや気候モデリングに欠かせない要素だ。雪や氷の層が長い時間をかけて氷床や氷河の上に積み重なっていくとき、埃や灰や花粉といった粒子、それに空気の小さな泡を中に閉じ込める。専門家の手にかかると、こうした小さな、時には顕微鏡でないと見えないほど微小な試料から、過去の大気のガス組成や氷の層が形成された当時の環境に関して大変有用な情報が得られる場合もある。二酸化炭素やメタンのレベル、凍結した細菌の特性、閉じ込められた水の同位体などを調べれば、そういうことがわかるのだ。

氷床コアは何万年、何十万年もの昔までさかのぼることができる。南極大陸から得られた最も古い氷床コアには、80万年前のものも含まれている。NASAによれば、「氷床コアは今までで最も貴重な気象記録に属することが判明した」。過去に起こったことがわかれば、未来に起こることを予測できる可能性もぐんと高くなる。年々不安定になる気候に直面しているときには、とりわけ役に立つ利点である。

だが気候変動は現在、被害者と加害者、原告と被告両方の役割を演じている。氷床コアによって科学者が調べている地球の

南極大陸

南緯 75° 6′ 2″
東経 123° 20′ 5″

南 大 西 洋

南極圏

オルカダス基地

ノイマイヤ基地

ハレー基地

ウェッデル海

ロンネ氷棚

ベリングス
ハウゼン海

90°W

マリーバード
ランド

ロス氷棚

スコット
基地

ロス海

南 氷 洋

サナエ IV 基地　　ノボラザレフスカヤ基地

マイトリ基地

昭和基地

マラジョージナヤ
基地

クイーンモー
ドランド

モーソン
基地

ベルグラー
ノ II 基地

デイビス
基地

中山基地

プログレス
基地

ミールヌイ
基地

90°E

ボストーク
基地

南極点

コンコルディ
ア基地

内
極
横
断
山
地

ケーシー
基地

マクマード
基地

ヴィクトリア
ランド

デュモン・デュル
ビル基地

コンコルディア基地

衣類テント　　作業場

天文学
研究室

騒々しい塔

望遠鏡

静かな塔

氷雪シェルター／氷床コア

南 大 西 洋

1,000 KILOMETRES

0　　500 MILES

氷床コアの試料を
凍結状態で保つの
は、将来の古気候
学者が過去の気象
を研究するために
不可欠だ。

問題は、人類を絶滅させかねない問題でもある。いわば、火災の被害者である住宅が火災警報器を破壊するようなものだ。アルプス山脈にある4,000の氷河の半分は2050年までに、3分の2は今世紀末までに溶けてしまうと予測されている。ヒマラヤ山脈では、氷河の氷の最大3分の1が既に完全に失われ、3分の1が2100年までに消えると考えられている。

　こうした時間枠は遠い先のことに思えるだろうし、貴重な下層の氷はまだすべてが溶けてはいないかもしれない。だが、表面の水は氷河に染み込んで下層を汚染し、試料に混ざってしま

い、試料が科学的に信頼できない、時には役に立たないものになる場合もある。だから、氷河が永遠に失われてしまう前に氷河の歴史的な記録からできる限り多くの情報を導き出そうとするのは、時間との戦いなのだ。

　アイスメモリープロジェクトに入ってみよう。フランス・イタリア共同によるコンコルディア基地（南極大陸の海岸線から離れたところに置かれた3つだけある恒久的な南極観測基地のひとつ）の下の雪洞内部に掘られた、氷でできた地下貯蔵庫である。世界初の氷河の氷の保管庫と考えられるこのプロジェクトが産声をあげたのは、長さ130メートル（427フィート）──ギザの大ピラミッドの高さ──の氷床コア3本がフランスのモンブランのコル・デュ・ドーム氷河からヘリコプターでグルノーブル近郊の冷凍貯蔵施設まで運ばれた2016年8月だった。

　1本のコアは分析のためここに保管され、残りの2本は船に載せられて、南極点からたった1,600キロメートル（1,000マイル）のところで氷河の地下にできた新しい施設に向かった。摂氏マイナス54度（華氏マイナス65度）という非常に低い平均気温が将来何年もの間これらのコアを守ってくれるので、その間に分析を行うことができる。ロシアやボリビアなど世界各地の溶けかけた氷河から同じように氷床コアが集められており、ドイツ、オーストリア、スイス、アメリカ、中国、ネパール、カナダもコンコルディアの安全な貯蔵施設を活用したいとの意向を表明している。

　この氷床コア保管庫が稼働する地下の状態は南極大陸のたいていのものと同じで、特に目を引く特徴はない。一時的な穴が雪の中に掘られ、それが固まったらその後10年ほどの間信頼の置ける冷凍庫として機能し、氷の壁が崩れたら再び掘られる。入り口は小さく不吉に見え、内部は暗く、周囲は予想どおり極端に寒く、貯蔵容器は単なる実用的な箱である。だが、ここで働き、雪の中で苦労して氷床コアの試料の包みを運び込んでいる人々は、強力な動機に駆りたてられている。いつの日か、まだ実現していない新しい技術がこれらの貴重なコアから過去の

気象に関するさらなる貴重なデータを引き出すことができるだろう、という希望だ。これまでとは異なる、もっと暖かくもっと不安定な気候が我々を脅かしている今、将来がもたらす最悪のことを予測し、それに備え、影響を緩和するのに、氷床コアはきわめて重要な存在となるかもしれない。

南極点からたった
1,600キロメートル（1,000マイル）
の地点にあるコンコルディア基地の上空で輝く南のオーロラ。

ロサンゼルス・トンネル

歴史の薫る、未来的な輸送網の計画

　1980年代のカルトSF映画『ブレードランナー』で描かれた未来のロサンゼルスは暗黒郷的な都市で、高層ビルが立ち並び、エリート市民は空飛ぶ車で移動していた。それも納得できる。現実世界では、ロサンゼルスは毎日のように交通渋滞に悩まされているのだから。映画の舞台でもある2019年、計算によれば、ロサンゼルスの日焼けした市民は暑いカリフォルニアの大気に有毒な煙を吐き出す渋滞のせいで労働時間を103時間失ったという。地上の大通りで道路に激怒する人々の頭上を、ヘリコプターが頻繁に飛ぶのも当然だ。『ブレードランナー』での富と権力を持つ登場人物と同じく、とりわけ豊かな人々はそのヘリコプターに乗り、苛立った下々のロサンゼルス人とともにハイウェイに足止めされることなく動き回って仕事ができるのである。

　ある大金持ちは、ついに堪忍袋の緒が切れた。「交通渋滞には本当にイライラさせられる」電気自動車メーカーのテスラやロケット開発のスペースXの設立者イーロン・マスクは2016年12月、そうツイートした。「トンネル掘削機を作って掘りはじめるぞ（後略）」おそらく最初は冗談半分のSNS発信だったのだろうが、それがどういうわけか最終的には実体のある会社に発展した。翌年マスクは、「ボーリングカンパニー」と名づけた会社が近々ラスベガス、シカゴ、ボルティモアといったアメリカの渋滞した多くの大都市の下にトンネルを掘って、自動車が地上の渋滞を迂回して最大時速250キロメートル（時速155マイル）で走れるようにする事業に着手する、と発表した。試験と初期のデモストレーションで示されたのは、先進的なテスラが走行する、カラフルな直管照明を備えたピカピカのいかにも未来的なトンネルだった。

アメリカ

北緯 34° 0' 7"
西経 118° 19' 58"

サンバレー

シャーマン・オークス

バーバンク

ノースハリウッド

バーダゴ山地

パサデナ

ハリウッドヒルズ

バーモント／
サンセット

ゲティ・セ
ンター

ビバリーヒ
ルズ

ハリウッド

ドジャー・
スタジアム

UCLA ／ウェスト
ウッド

エコーパー
ク／シルバ
ーレイク

ユニオン駅

ウェスト
ロサンゼルス

USC ／コロ
シアム

キングエディ・
サルーン

ステイプルズ・
センター

イーストロサ
ンゼルス

サンタモニ
カ

レイマート
パーク

ベニス／
マリーナ

カルバーシ
ティ

ロサンゼルス

ロサンゼルス
国際空港

LA
スタジアム

サウスロサンゼルス

サウスゲート

ホーソーン

コンプトン

ローンデール

サウスベイ

トーランス

トーランス

カーソン

ロングビー
チ空港

ローリング
ヒルズ

トンネル（計画）

トンネル（建設中）

5 KILOMETRES

3 MILES

中でも最も強いインパクトを与えられるとマスクが考えたのはロサンゼルスらしく、今世紀の半ばまでには都市の地下に大きく広がる交通網を作るという将来的な計画が発表された。逆説的な話だが、これはもっと自動車の少ない時代、ロサンゼルスの遺産の重要な部分に立ち返る動きだった。1925年12月、ロサンゼルス初の地下鉄路線が鳴り物入りで操業を開始した。これは市全体に路線を持つパシフィック電鉄が最後に行った事業で、ニューヨークやボストンなど世界各地で走っていた地下公共交通にならったものだった。その後数十年の間に地上のハイウェイが大きく拡張されたため、この地下鉄網は徐々に衰退していき、自動車が勝利をおさめた（現在ロサンゼルスの移動の80パーセント以上は自家用車で行われている）。かつては数千人の通勤者で満員のいわゆる「レッドカー」をハリウッドからグレンデールまでの間のあらゆるところに運んでいたコンクリート製のトンネルは、今は空っぽで、崩れかけ、薄汚れ、落書きだらけになり、まったく愛されていない。

　トンネルは1920年から1933年にかけての禁酒法時代にも、ロサンゼルスで大きな役割を演じた。18キロメートル（11マイル）という使われておらず人目につかない通路のおかげで、密輸業者や密造酒製造業者は警察の目が光る大通りの下で禁制のアルコールを輸送して、もぐりの酒場に貴重な酒を供給することができ、客は毎夜酒場を訪れた。こういった場所は今や伝説となっている。市の中心部スキッド・ロウのキングエドワードホテルの地下には、キングエディ・サルーンという酒場があった。ホテルの正面はなんの変哲もないピアノ店に見えていたが、酒場は今でも、飲酒が重罪だった時代にアルコールを供給していたトンネルにつながっている。ほかのホテルや高級そうな建物も、この行為に加担していた。トンネルは裁判所など行政機関の建物の下も通っており、おそらくそれらにも酒を供給していただろう。こうした話は、禁酒法時代に密造ビジネスが（少なくとも比喩的には）市長のオフィスを通っていたという噂を裏づけるものだ。

　もぐりの酒場などのいかがわしい施設はもちろん公式に登録

20世紀初頭の自家用車の増加に伴い、ロサンゼルスの公共交通機関の人気は急降下した。

されておらず、それらがいつ開店し、いつ閉店したかを示す書類は存在しない。ロサンゼルスのアマチュア洞窟探検家たちはそのことから意欲をかきたてられ、暇を見ては薄汚れた地下空間を調べ回っている。華やかなサンセット大通りの下で打ち捨てられ何十年も忘れ去られていた飲み屋に出くわすことを願って。

　マスクの思惑どおりになり、ロサンゼルスの地下トンネルがハリウッドスマイルの歯のように虫歯部分に新しい充填剤が詰められて美しくつややかに整えられたなら、21世紀のハイウェイの雑踏は低レベルに抑えられるかもしれない。そうなれば、レンガの壁やコンクリートがむき出しのすたれた地下空間が生き返る。だとすると、テクノロジーによって空中通勤が可能になった『ブレードランナー』の世界とは違って、ロサンゼルスの交通機関の未来は地下に根差すことになるだろう。

未来の新たなトンネルはロサンゼルスの交通渋滞を緩和するだろう、とトンネルを作った大金持ちは言う。

ヘトリスヘイジ

気候変動危機を葬ろうとするテクノロジー

アイスランド

北緯 64° 2' 39"
西経 21° 23' 21"

死体から突き出す肋骨のごとく海から挑むように現れるごつごつした威圧的な岩壁の前で、大きな波がうねりを上げる。ここはアイスランドのレイキャネス半島だ。大西洋中央海嶺——北極圏から南氷洋まで大西洋を南北に貫く大陸分水界——沿いで海洋波よりも高くそびえる、数少ない場所である。アイスランドの火山の爆発的な力と合わせて考えると、作家ジュール・ヴェルヌが1864年に発表した小説『地底旅行』で主人公をこの荒野から地下に向かわせたのもうなずける。ここからそう遠くないところで、人類を救うかもしれない興味深い地下実験が行われている。

19世紀の産業革命以前、地球の大気の二酸化炭素（CO_2）濃度は歴史上最も高いときで280ppmだった。ところがその後1世紀半にわたって石炭、石油、ガスといったエネルギー密度の高い有機燃料の燃焼が加速度的に増えたため、二酸化炭素濃度は最初は徐々に、やがて急激に高まっていった。2020年までに濃度は最高417ppmを記録し、1年に1、2ppmずつ上がり続けている。専門家は、炭酸ガスが大気中に閉じ込める余分な熱が長期的に気候を不安定にするのを防ぐためには、二酸化炭素濃度を350ppm以下に戻す必要があると考えている。残念ながら、二酸化炭素が自然に減少するには何百年もかかる。そのため二酸化炭素の蓄積が現代の気候変動危機の主な原因になっている。アイスランドは、これを解決する、ある計画の中心地である。

地熱エネルギーの利用が主流であるアイスランドは、既に低二酸化炭素の未来への道を歩んでいる。地下から得た地熱が排出する二酸化炭素は、他の発電方法に比べてはるかに少ない。しかしアイスランド最大の地熱発電所、首都レイキャビクから

25キロメートル（15マイル）東にあるヘトリスヘイジでは、実験的なプロジェクトがさらに先へ進もうとしている。発電所からの排気のうち二酸化炭素はごくわずか（0.5パーセント以下）だが、Carbfixというプロジェクトは地下から出てきたその少量を捕獲する。とらえられたガスは大気に混ざることなく、炭酸飲料を作るのと同じような方法で水に溶かされ、ヘトリスヘイジから数キロ離れたところまで運ばれて地下約800メートル（2,600フィート）の深さまで送り込まれる。ここで、ほんの2年後には二酸化炭素の大部分が石化して玄武岩に変わる。通常の自然なプロセスでは数百年、あるいは数千年かかるのに比べて驚くほど速い。炭素は大気中で悪さをすることなく地中に戻るのだ。

Carbfixは2012年に始まり、2年後には発電所の中核事業となった。2018年末までに、毎年このプロセスで4万トン以上の二酸化炭素がとらえられ、埋められてきた。とはいえこれは、余剰炭素を地中に送り込む方法を探る世界初の試みではなかった。二酸化炭素貯留（CCS）というプロセスは石油、ガス、石炭を燃やし続ける巧妙な手法として、1970年代から提唱されている。だが初期の試みには経済的なうまみや法律の強力な後押しがなかったため、エネルギー産業の主流になれなかった。気候変動に関する政府間パネル（IPCC）は最悪の気候変動を緩和するのに不可欠なツールとしてCCSを推奨したものの、2010年代初頭には、このテクノロジーは完全に行き詰まったように思われた。

ヘトリスヘイジが決定的に違うのは、炭素を気体でなく固形の岩として貯蔵する能力を開発したことだ。そのため誤って漏れ出す危険は非常に低い。これが大きな規模で成功すれば、こうしたプロセスは、ヘトリスヘイジと同じく玄武岩の岩盤にアクセスできる（そしてポンプで注入できるだけの充分な水の供給が得られる）ところなら世界じゅうどこの発電所でも活用できるかもしれない。アメリカのワシントン州とオレゴン州は既にこのモデルの実験を初めており、インド中央部でもこのアイデアの実現性を探っている。このように人為的に土壌を変える

ことによって、人類は産業革命以降の勝手気ままな行動の証拠
を、いわばカーペットの下に隠せるようになるかもしれない。
この手段が有効だとなったら、我々の悪行の結果は地下深くに
押しやれるだろう。

　臭いものには蓋、というわけだ。

ヘトリスヘイジで
行われている実験
によって、二酸化
炭素を地中深くに
隠せるようになる
のか？

ワイトモの地下深くにある迷
宮では、不気味な光が、何も
知らない餌食をとらえようと
ねばねばの糸を垂らしている
飢えたツチボタルの存在を明
らかにする。

謝辞

　地下世界には紛れもなく神秘的でおそらく少々不気味なイメージが伴っており、非常に想像力をかきたてられる。私が何げなく会話の中で本書のアイデアを口にしたとき、人々はすぐさまその考えに飛びついた。自分が耳にしたことのある興味深い地下空間に関して何かに憑かれたかのように熱心に説明してくれる人も多く、そのいくつかは本書で紹介させていただいた。ゆえに、本書のために進んで話を提案してくださった多くの友人、家族、同僚——ちょっとした知り合いすら——には深く感謝している。あなたたちの協力がなかったら、本書ははるかに薄っぺらいものになっていただろう。

　才能あふれるマシュー・ヤングと仕事をするのは喜び以外の何物でもなかった。目を引く表紙から美しい地図に至るまで、彼の描いたデザインによって本書は大変魅力的になった。かなり抽象的な章に関しても、彼は難題に立ち向かって非常に優れた地図を描いてくれたので、私は喜んで使わせてもらった。ショアイブ・ロカディーヤとリンジー・デイヴィーズは素晴らしい編集者で、可能な限り上質の書籍を生み出すべく共同作業を進める際に大きな忍耐力と創造力を示してくれた。すべての写真を確認して許諾を得るため奔走してくれたキャシー・アリントン、そして Wildfire 社のアレックス・クラークをはじめとしたチームの皆にも心からの感謝を。本書の正確さを保証するため時間と英知を提供してくださった多くの学者、探検家、専門家などの方々、その才能によって本書を目にも美しくしてくださった写真家の方々、皆さまに大変感謝している。

　生まれつき閉所恐怖症である私にとって、本書は狭く暗い空間への熱烈な賛辞というよりは、我々が故郷と呼ぶこの果てしなく魅力的な星に存在する驚くほど多様な地表下の場所の紹介だった。それを考えると、私の飽くなき地理的好奇心を育んでくれた父と母には大きな恩がある。この好奇心は、本書においても他のプロジェクトにおいても、非常に役に立ってくれている。私がどこに住んでどんな仕事をしようと、両親は常に応援し、励ましてくれた。自慢の姉シャーロット、常に喜びと刺激をもたらしてくれる素晴らしき祖母にも、おおいなる感謝を。最後になったが、愛を与えてくれ、いつも前向きで、ずっとこの旅に付き添ってくれるパートナーのアナ、どうもありがとう。愛しているよ。

参考文献

　本書に掲載した物語は数百の書籍、雑誌記事、ビデオ、ラジオ放送、ウェブサイト、データベースから引用した事実や逸話であり、『ブリタニカ百科事典』と無数の熱心な報道機関の存在には深く感謝している。ほとんどの章はこの幅広い情報源から得た最も興味深い話を組み合わせているが、いくつかの非常に重要な参考文献がなければ決して語ることのできない物語もあった。ゆえに以下の文献を紹介させていただく。

Allred, Kevin; Allred, Carlene: 'Development and Morphology of Kazumura Cave, Hawaii', *Journal of Cave and Karst Studies*, August 1997

Amnesty International/Afrewatch: 'Democratic Republic of Congo: "This is what we die for": Human rights abuses in the Democratic Republic of the Congo power the global trade in cobalt', 19 January 2016, https://www.amnesty.org/en/documents/afr62/3183/2016/en/

Bisharat, Andrew: 'Epic flood sends cavers scrambling for their lives', *National Geographic*, 18 October 2018, https://www.nationalgeographic.com/adventure/2018/10/floodescape-deepest-cave-veryovkina-abkhazia/

Brooks, Dario: 'La Cueva de los Tayos, la legendaria y misteriosa formacion de Ecuador que desperto la fascinacion del astronauta Neil Armstrong', *BBC Mundo*, 27 November 2017, https://www.bbc.com/mundo/noticias-42104844

Camille Aguirre, Jessica: 'The Story of the Most Successful Tunnel Escape in the History of the Berlin Wall', *Smithsonian Magazine*, 7 November 2014, ttps://www.smithsonianmag.com/history/most-successful-tunnel-escape-history-berlinwall-180953268/

Doel, Ronald E.; Harper, Kristine C.; Heymann, Matthias: *Exploring Greenland: Cold War Science and Technology on Ice*, Palgrave Macmillan US/Springer Nature, New York, 2016

Fox-Skelly, Jasmin: 'Once a year, people poison these fish as part of a ritual', *BBC Earth*, 14 April 2016, http://www.bbc.com/earth/story/20160413-the-fish-that-swims-in-toxins-andgets-poisoned-by-humans

Frankel, Miriam: 'Religious rite gives evolution a helping hand', *New Scientist*, 14 September 2010, https://www.newscientist.com/article/dn19447-religious-rite-gives-evolution-a-helping-hand/

Fredrick, James: '500 Years Later, The Spanish Conquest of Mexico Is Still Being Debated',

Weekend Edition Sunday, NPR, 10 November 2019, https://www.npr.org/2019/11/10/777220132/500-years-later-the-spanish-conquest-of-mexicois-still-being-debated

Grove, Thomas: 'Beneath Helsinki, Finns Prepare for Russian Threat', *Wall Street Journal*, 14 July 2017, https://www.wsj.com/articles/beneathhelsinki-finns-prepare-for-russian-threat-1500024602

Hanbury-Tenison, Robin: *Finding Eden: A Journey into the Heart of Borneo*, I. B. Tauris, Bloomsbury Publishing Plc., London, 2017

Hansen, James: *First Man: The Life of Neil A. Armstrong*, Simon & Schuster, New York, 2018　邦訳『ファーストマン　ニール・アームストロングの人生』（ジェイムズ・R・ハンセン、2007年、ソフトバンククリエイティブ）

Hennessy, Peter: *The Secret State: Preparing for the Worst 1945–2010*, Penguin, London, 2010

220

Jay Deiss, Joseph: *Herculaneum: Italy's Buried Treasure*, Getty Publications, Los Angeles, 1989

Jenner, Andrew: 'Get Lost in Mega-Tunnels Dug by South American Megafauna', *Discover Magazine*, 28 March 2017, https://www.discovermagazine.com/planet-earth/get-lost-in-megatunnels-dug-by-south-american-megafauna

Last, Alex: 'Vietnam War: The Cu Chi Tunnels', *Witness History*, BBC World Service, 3 January 2017, https://www.bbc.co.uk/programmes/p04kxnbt

Mace, Fred: 'Account of Discovery of Waitomo Caves', *King Country Chronicle/Waitomo News*, Te Kuiti, 1 October 1910, https://paperspast.natlib.govt.nz/newspapers/KCC19101001.2.4.2

Mangold, Tom; Penycate, John: *The Tunnels of Cu Chi: A Remarkable Story of War*, Weidenfeld & Nicolson, London, 2012

Marzeion, Ben; Levermann, Anders: 'Loss of cultural world heritage and currently inhabited places to sea-level rise', *Environmental Research Letters*, 4 March 2014, DOI: 10.1088/1748-9326/9/3/034001

Matter, Juerg M et al: 'Rapid carbon mineralization for permanent disposal of anthropogenic carbon dioxide emissions', *Science*, 10 June 2016, DOI: 10.1126/science.aad8132

Neumann, Joachim: 'Experience: I tunnelled under the Berlin Wall', *Guardian*, 12 July 2019, https://www.theguardian.com/world/2019/jul/12/experience-i-tunnelled-under-the-berlin-wall

Nunez, Christina: 'Q&A: The First-Ever Expedition to Turkmenistan's "Door to Hell"', *National Geographic*, 17 July 2014, https://www.national geographic.com/news/energy/2014/07/140716-door-to-hell-darvaza-crater-georgekourounis-expedition/

Otman, Waniss; Karlberg, Erling: *The Libyan Economy: Economic Diversification and International Repositioning*, Springer-Verlag Berlin Heidelberg, Berlin, 2007

Palmer, Jane: 'Why ancient myths about volcanoes are often true', *BBC Earth*, 18 March 2015, http://www.bbc.com/earth/story/20150318-why-volcano-myths-are-true

Rogers, Paul; McAvoy, Darren: 'Mule deer impede Pando's recovery: Implications for aspen resilience from a single-genotype forest', *PLoS ONE*, 17 October 2018, DOI: 10.1371/journal.pone.0203619

Ruggeri, Amanda: 'The strange, gruesome truth about plague pits and the Tube', *BBC Autos*, 6 September 2016, http://www.bbc.com/autos/story/20160906-plague-pits-the-londonunderground-and-crossrail

Simon, Matt: 'Fantastically Wrong: The Legendary Scientist Who Swore Our Planet Is Hollow', *WIRED*, 2 July 2014, https://www.wired.com/2014/07/fantastically-wrong-hollow-earth/

Songwriter, Jason: 'The sweet spot for building drug tunnels? It's in San Diego's Otay Mesa neighborhood', *Los Angeles Times*, 22 April 2016, https://www.latimes.com/local/lanow/la-me-lndrug-tunnel-20160421-story.html

Synnott, Mark: 'Is This the Underground Everest?', *National Geographic*, March 2017, https://www.nationalgeographic.com/magazine/2017/03/dark-star-deepest-cave-climbinguzbekistan/

Thurman, Judith: 'First Impressions', *The New Yorker*, 23 June 2008, https://www.newyorker.com/magazine/2008/06/23/first-impressions

Votintseva, Antonina et al: 'The Dark Star of Baisun-tau: A history of cave exploration in Southern Uzbekistan, 1990–2013', *Cave and Karst Science*, Transactions of the British Cave Research Association, March 2014

Weisman, Alan: *World Without Us*, Virgin Books, London, 2008 邦訳『人類が消えた世界』(アラン・ワイズマン、2009 年、早川書房)

Wohlleben, Peter: *The Hidden Life of Trees, What They Feel, How They Communicate*, William Collins, London, 2016

訳者あとがき

　地下牢、地下迷宮、地獄、奈落、黄泉の国……古今東西、日が差さず暗くじめじめした地下の世界は、天国のある明るい上空と対照的な不気味で恐ろしい場所として語られてきました。私たちが暮らすこの地球の表面すなわち地殻の下には、マントルと非常に高温の核があることはわかっています。けれどもそれは地震波の観測から理論上導き出されたものであり、自分の目で見た人はいません。実際に深さ何百キロもの地底に行ってみたら、もしかしたら人類の想像を絶する異世界が広がっているのではないか——きっと、そんなふうに考えたことのある方もいらっしゃるでしょう。宇宙と同じく、地下にもそのように自由に空想をめぐらせる余地が残っています。

　本書は、そんな興味深い地下世界のさまざまな風景を紹介しています。

　著者クリス・フィッチはイギリスに生まれ、ニュージーランド、韓国、台湾、ソロモン諸島などで暮らした地理学者。イギリスの王立地理学会が発行する雑誌『ジオグラフィカル』の上級執筆者として世界じゅうを駆け回り、気候変動、都市計画、野生保護、持続可能な開発、地政学、科学、旅行、文化など多様なテーマの記事を著してきました。前著『Atlas of Untamed Places』（邦訳『地の果てのありえない物語』2018 年、日経ナショナルジオグラフィック社）でも、一般の人がなかなか近づけない秘境や辺境の地を多数紹介しています。

　自然が生み出した絶景、秘密の軍事基地、植物の『ノアの方舟』、未来の交通網——地上とはまったく異なる景色が広がる地表下の世界。いっとき現実を忘れて、そんな地下世界に思いを馳せてみてはいかがでしょうか。

2021 年 1 月

上京恵

◆著者
クリス・フィッチ（Chris Fitch）
著述家、地理研究者、グローバリスト。王立地理学会の公式雑誌『地理学　Geography』シニア・スタッフ・ライター。2018 年に Edward Stanford Travel Writing Award 受賞。ソロモン諸島のガダルカナルの野生の熱帯雨林で育ち、ロンドンを経て現在はニュージーランド在住。邦訳書に『地の果てのありえない物語 地球最後の秘境 45 のエピソード』（日経ナショナルジオグラフィック）

◆訳者
上京恵（かみぎょう　めぐみ）
英米文学翻訳家。2004 年より書籍翻訳に携わり、小説、ノンフィクションなど訳書多数。訳書に『最期の言葉の村へ』（原書房）ほか。

◆地図製作
マシュー・ヤング（Matthew Young）

図説　世界地下名所百科
イスタンブールの沈没宮殿、メキシコの麻薬
密輸トンネルから首都圏外郭放水路まで

2021 年 2 月 22 日　第 1 刷

著者　クリス・フィッチ
訳者　上京 恵

装幀　村松道代
発行者　成瀬雅人
発行所　株式会社原書房
　　　　〒 160-0022 東京都新宿区新宿 1-25-13
　　　　電話・代表　03(3354)0685
　　　　http://www.harashobo.co.jp/
　　　　振替・00150-6-151594
印刷　シナノ印刷株式会社
製本　東京美術紙工協業組合
©LAPIN-INC 2021
ISBN 978-4-562-05907-2 printed in Japan